Hakon von Holst

KRIEG GEGEN DAS BARGELD

Warum wir Münzen und Geldscheine für unsere Freiheit benötigen

KRIEG GEGEN DAS BARGELD

Warum wir Münzen und Geldscheine für unsere Freiheit benötigen

Hakon von Holst

HINTERGRUND
DAS NACHRICHTENMAGAZIN
WISSEN KOMPAKT

ISBN 978-3-910568-21-1

3. Auflage, 2025
www.hintergrund.de

Lektorat: Susanne George
Konzept und Satz: Buchgut, Berlin
Druck und Bindung: Friedrich Pustet GmbH & Co. KG, Regensburg

MIX
Papier
FSC FSC® C014889

Inhalt

6 Auf der Flucht

> ***»Ich traf die Vorbereitungen eines Mannes, der damit rechnet, zu sterben. Ich räumte meine Bankkonten ab, steckte Bargeld in eine alte stählerne Munitionskiste, damit Lindsay es finden und die Regierung es nicht beschlagnahmen konnte.«***[1]
>
> Der Fliehende

Er packte seinen Koffer. Ein paar leichte Klamotten, eine Spezialantenne, vier Laptops. Sein Smartphone ließ er auf dem Küchentisch zurück neben einer Notiz für seine Geliebte: »Muss beruflich weg. Ich liebe Dich.« Er wusste nicht, ob er Lindsay je wiedersehen würde. Er fühlte sich schuldig. Nicht weil er eine Dienstreise vortäuschte, sondern weil er seiner Familie Schmerzen bereiten würde.

Doch der 29-jährige Geheimdienstmitarbeiter war entschlossen, ein Verbrechen aufzudecken, an dem er selbst beteiligt gewesen war. Er wollte die amerikanische Gesellschaft auf einen besseren Weg bringen und mit gutem Beispiel vorangehen. Er fuhr zum Flughafen, stieg in den nächsten Flieger von Hawaii nach Tokio und landete am 20. Mai 2013 in Hongkong. Seine Tickets bezahlte der Fliehende bar.

Der Rest ist Geschichte. Edward Snowden traf sich mit ausgewählten Journalisten. Am 5. Juni erschien der erste Bericht in der britischen Tageszeitung *Guardian*. Rund um den Globus gab es nur ein Thema: die NSA und das Ausmaß der Überwachung. Durch glückliche Umstände entkam Snowden den Fängen der Justiz und erhielt schließlich Asyl in Russland.

1 Edward Snowden, *Permanent Record*, S. Fischer, Frankfurt/M. 2019, S. 357

Hätte der Geheimnisträger den Schritt an die Öffentlichkeit gewagt, wenn es kein Bargeld mehr gegeben hätte? Wäre er zu früh ins Visier der Behörden geraten? Würde uns je wieder ein Geheimdienstmitarbeiter die Möglichkeit geben, die Wahrheit zu erfahren und den Kurs der Gesellschaft zu korrigieren, wenn die Flucht gescheitert wäre? Klar ist: Hätten die USA Edward Snowden hinter Gitter gebracht, könnte er heute nicht mit Lindsay und zwei kleinen Kindern in Moskau leben.

Kontrollverlust

***»Mitten in der Krise ist Bargeld König. Und Ihre Kreditkarte könnte dann einfach nur noch ein Stück Plastik sein.«*[2]**

Hadja Lahbib, EU-Kommissarin für Vorsorge und Krisenmanagement

2019 kam es in Hongkong zu großen Protesten gegen ein geplantes Auslieferungsgesetz. In einer Metrostation bildeten sich Schlangen vor den Ticketautomaten. Anstatt ihre Chipkarte zu nutzen, kramten die Leute Bargeld hervor. »Wir haben Angst, dass man unseren Daten nachspürt«, sagte eine Protestteilnehmerin.[3] Nach den letzten großen Demonstrationen im Jahr 2014 waren prominente Figuren der Bewegung zu Haftstrafen verurteilt worden.

Würden Sie Ihr Demonstrationsrecht nutzen wollen, wenn Sie sicher sein könnten, dass der Staat Ihre Teilnahme automatisiert erfasste? Auch dann, wenn Sie fortan von den unsichtbaren Augen einer behördlich gesteuerten Computerfarm beobachtet würden?

Ob Hongkong oder Berlin: Wer mit Karte bezahlt, bezahlt mit seinen Daten. Das Protokoll wächst mit jedem Tag in die Länge: Wo waren Sie wann und bei wem? Was war Ihnen der Einkauf wert? Der Wirtschaftsjournalist Norbert Häring warnt: »Wenn es kein Bargeld mehr gibt, wird unser Bankkonto zu einem detaillierten Logbuch unseres Lebens.«[4]

2 Botschaft von Hadja Lahbib, wiedergegeben auf dem *Youtube*-Kanal der Tageszeitung *Il Sole 24 ORE*, »Die Überlebensausrüstung der EU-Kommissarin Hadja Lahbib«, veröffentlicht am 26. März 2025, https://youtu.be/TaUGIOv-6vs

3 *Quartz*, 13. Juni 2019, https://qz.com/1642441/extradition-law-why-hong-kong-protesters-didnt-use-own-metro-cards

4 *bargeldverbot.info*, 7. Juli 2024, https://bargeldverbot.info/petition

Edward Snowden zahlte schon in seinen amerikanischen Jahren bar.[5] Und er tut es in Russland nicht anders. Dem französischen Fernsehsender *France 24* sagte er 2019: »Wenn man bedenkt, dass all diese Institutionen Datenbanken durchforsten nach Details aus unserem Privatleben, dann wirkt das auf mich nicht wie ein guter Deal. Stattdessen zahle ich meine Sachen bar.«[6]

Kommunale Verkehrsbetriebe hegen den Bürger bereits in die digitale Welt ein: Automaten ohne Münzschlitz, aber mit warmer Empfehlung, per *Google Pay* und *Apple Pay* zu zahlen. In Hamburg erhalten Smartphonenutzer exklusiv sieben Prozent Rabatt, während Senioren im rollenden Bus daran scheitern, den Fahrschein einhändig mit Guthabenkarte zu lösen.[7] Bar zahlen vorn beim Busfahrer ist Geschichte. Geld für die Innovation kam vom Bundesverkehrsministerium.[8] Auch beim Einbau bargeldloser Ticketdrucker in Rostocker[9] und Leipziger[10] Verkehrsmittel beteiligt sich der Staat gerne.

Eine wachsende Zahl von Menschen läuft ohne Münzen und Scheine durch die Welt. Und sobald jemand den Stecker zieht, stehen sie da ohne einen Cent in der Tasche. Stellen Sie sich vor, Sie stehen an der Kasse. Die EC-Karte will nicht, die Kreditkarte streikt. Hinter Ihnen ungeduldige Stimmen. Sie brechen den Kauf ab, probieren es beim Bäcker gegenüber. Die Geldkarten lassen Sie im Stich, auch hier. Ob Sie kaufen oder verkaufen können,

5 Edward Snowden, *Permanent Record*, S. Fischer, Frankfurt 2019, S. 243

6 *France-24*-Interview in Englisch, veröffentlicht am 9. September 2019 auf Youtube, www.youtube.com/watch?v=IrJtaWsNffY

7 Mehr dazu in der *Bild*-Reportage vom 19. Oktober 2024, www.bild.de/news/inland/nach-ticket-revolution-senioren-verzweifeln-am-busfahren-ohne-bargeld-6706696341544c4c743b5758

8 Auskunft Hamburger Verkehrsverbund und Bundesministerium

9 RSAG, www.rsag-online.de/tickets/ticket-kauf/mobile-ticketautomaten [abgerufen 17. Januar 2025]

10 *Radio Leipzig*, 29. Juli 2024, www.radioleipzig.de/beitrag/lvb-plan-ab-2025-keine-barzahlung-mehr-in-leipzigs-bussen-und-bahnen-835040/

entscheiden nicht mehr Sie, sondern die Technik, die Bank und der Staat.

Nach Informationen der *Frankfurter Allgemeinen Zeitung* streikte am 12. September 2024 jedes vierte Kartenterminal in Deutschland.[11] Die Störung zog sich über den ganzen Tag. Ursache war nach übereinstimmenden Berichten ein Problem bei einem US-amerikanischen Zahlungsdienstleister.[12] Einige Monate zuvor ließ die Sparkassen-Karte viele Besitzer kurzzeitig im Stich.[13]

Die Spanier und Portugiesen erlebten am 28. April 2025 einen großflächigen Stromausfall. U-Bahnen und Aufzüge blieben plötzlich stehen. Die *New York Times* erwähnte lange Schlangen vor funktionierenden Geldautomaten.[14]

Am 8. November 2023 blieben zehn Millionen Menschen in Australien ohne Internet. Beim Telekommunikationskonzern *Optus* hatte sich mit einer planmäßigen Software-Aktualisierung der Wurm eingeschlichen. Krankenhäuser, Regierungsstellen und Unternehmen gingen vom Netz. Kartenbezahlgeräte fielen aus. Es war eine neuerliche Lektion für eine Gesellschaft, die sich vom Bargeld abwendete und ihr Schicksal der anonymen Macht digitaler Systeme anvertraute.[15] Schon im Frühjahr 2022 waren an der australischen Ostküste die Lichter ausgegangen: Die Kommunikationsinfrastruktur fiel den Fluten zum Opfer. Der Himmel hatte in kurzer Zeit drei Badewannen

11 *FAZ*, 12. September 2024, www.faz.net/aktuell/finanzen/digital-bezahlen/probleme-mit-kartenzahlung-hackerangriff-bisher-ausgeschlossen-19979434.html

12 Siehe etwa *tagesschau.de*, 12. September 2024, www.tagesschau.de/wirtschaft/verbraucher/kartenzahlung-stoerung-102.html

13 *Passauer Neue Presse*, 4. April 2024, www.pnp.de/nachrichten/digitales/tausende-bankkunden-konnten-zeitweise-nicht-mit-ihrer-karte-zahlen-15776205

14 *New York Times*, 28. April 2025, https://www.nytimes.com/2025/04/28/world/europe/power-outage-spain-portugal-france.html [abgerufen 29. April 2025]

15 Dazu *ABC News*, 22. August 2023, www.abc.net.au/news/2023-08-23/cashless-society-financial-exclusion-safety-privacy-concerns/102706718

ausgeleert, auf jedem Quadratmeter Land. Geldautomaten wurden mit dem Hubschrauber eingeflogen.

In Schweden mussten 2021 mehrere Hundert *Coop*-Supermärkte schließen. Nach einem Hackerangriff quittierten die Kassensysteme den Dienst. Die Reparatur dauerte Tage. In der Stadt Norrköping durften sich unterdessen die Leute kostenlos mit Milch, Früchten und Brot eindecken.[16] Andernfalls wäre alles im Müll gelandet.

Im Juli 2024 musste die deutsche Supermarktkette *Tegut* ihre Filialen stundenlang geschlossen lassen.[17] Auch hier wollten die Kassen nicht mehr – eine Software-Aktualisierung des US-amerikanischen IT-Sicherheitsunternehmens *Crowdstrike* verursachte weltweit Probleme mit Programmen von *Microsoft*. Am Flughafen Berlin-Brandenburg fielen Flüge aus.[18]

Lernen kann man aus solchen Geschichten noch etwas anderes: Wenn ein US-Unternehmen Zugriff auf die Ladenkasse besitzt, dann wissen sich ebenso intelligente Hacker und Geheimdienste darüber zu informieren, was über das Band gezogen oder mit dem Barcode-Scanner erfasst wird – zum Beispiel das Buch in Ihren Händen. Ein Warenkorb verrät viel über einen Menschen.[19] Und wenn dieser Mensch mit Karte bezahlt, bekommt der Warenkorb ein Gesicht.

Bei einer weltweiten Störung im Jahr 2023 berichtete die österreichische Presse von kuriosen Szenen vor den WC-Anlagen von *McDonald's*.[20] Kartenzahler versuchten das

16 *NZZ*, 6. Juli 2021, www.nzz.ch/wirtschaft/schweden-hackerangriff-zwingt-supermarkt-kette-coop-in-die-knie-ld.1634117

17 *Fuldaer Zeitung*, 20. Juli 2024, www.fuldaerzeitung.de/fulda/stoerungsfrei-fulda-alle-tegut-filialen-arbeiten-nach-it-ausfall-wieder-93195923.html

18 *RBB*, 20. Juli 2024, www.rbb24.de/panorama/beitrag/2024/07/berlin-brandenburg-itprobleme-crowdstrike-bluescreen-absturz.html

19 Siehe etwa bei Ben Stobaugh et al., »Predicting Gender and Political Affiliation Using Mobile Payment Data«, 2023, DOI: 10.48550/arXiv.2302.08026

20 Siehe etwa *Heute*, 14. Juni 2023, www.heute.at/s/bankomat-ausfall-sorgte-fuer-klo-krise-bei-mcdonalds-100276108

 Drehkreuz zu überwinden. Auf die Schweizer Schlagzeile darf man schon gespannt sein: Nach Plan der Eisenbahngesellschaft SBB sollen Bahnhofstoiletten künftig nur Kartenzahlern offenstehen.[21] Zutrittskarten für Bargeldfreunde gibt es dann am Snackautomaten.

Pannen, Katastrophen und unsichtbare Kriege sind Alltag in der elektronischen Welt. Wir können uns dem ein Stück weit entziehen, solange es das Bargeld gibt. Ein 50-Euro-Schein schenkt uns die Möglichkeit, die Kraft und die Lebenszeit anderer Menschen in Anspruch zu nehmen. Das Geld auf dem Bankkonto aber ist nicht Ihr Geld. Die schwarze Zahl auf dem Kontoauszug sagt lediglich, wie viel die Bank Ihnen schuldet. Sie bezahlen mit elektronischem Guthaben. Wenn der Geldstrom versiegt, ist Ihre Lebenszeit weg.

Der Journalist Julian Assange erlebte das. Mit der Aufdeckung von US-Kriegsverbrechen in Afghanistan und im Irak wurde seine Enthüllungsplattform *WikiLeaks* bekannt: Der Beschuss von Mitarbeitern der Nachrichtenagentur *Reuters* in Bagdad unter Gelächter der Piloten – die Bilder gingen um die Welt. Die Veröffentlichung weiterer 250.000 Dokumente Ende 2010, diesmal aus dem US-Außenministerium, machte die Regierung in Washington nervös. Auf ihren Druck hin stoppten *Visa, Mastercard* und *PayPal* alle Zahlungen an *WikiLeaks*.[22] Nach eigenen Angaben gingen der spendenfinanzierten Plattform 95 Prozent ihrer Einnahmen verloren.[23]

In Deutschland finanzieren sich Medien und Journalisten zunehmend durch freiwillige Zuwendungen. In den letzten Jahren verloren etliche ihr Girokonto. Die Banken

21 *Nau*, 10. Januar 2025, www.nau.ch/news/schweiz/sbb-kartenpflicht-bei-bahnhofs-wcs-verargert-kunden-66886284

22 Siehe *BBC*, 8. Dezember 2010, www.bbc.com/news/business-11945875

23 *WikiLeaks*, 28. Juni 2011, https://wikileaks.org/Banking-Blockade.html

kündigen zum Schutz ihrer Reputation.[24] Medien, die bei polarisierenden Themen auf der oppositionellen Seite stehen, haben es schwer, ein anderes Geldinstitut zu finden. Wir sind also gewarnt: In einem Unrechtsstaat kann jeder von uns jederzeit vom Netz genommen werden.

Der Profitgeier aber ist begeistert, die Welt in ein elektronisches System einzuhegen. Vollautomatisch Geld verdienen an jedem Menschen, selbst am abgelegensten Flecken der Erde, das ist sein Ziel. Wenn wir uns der digitalen Welt anvertrauen, wird sie die Macht über uns ergreifen.

24 Siehe meine Recherche auf *Multipolar*, 24. Juni 2024, https://multipolar-magazin.de/artikel/de-banking, gekürzt in der *Neuen Osnabrücker Zeitung* online, 16. Juli 2024

> ***»Mit Bargeld bezahlen ist etwas sehr Menschliches: Man tauscht es im Rahmen einer direkten Begegnung gegen Ware oder eine Dienstleistung. Ökonomisch ist eine Buchung das Gleiche, psychologisch nicht.«*[25]**
>
> Prof. Manfred Spitzer, Neurowissenschaftler

Doch es droht noch ein ganz anderer Kontrollverlust, wenn wir uns das Geld aus unseren Händen nehmen lassen: Als Barzahler kann man nicht *mehr* ausgeben, als man hat. Da überlegt man sich schon genauer, was man in den Korb legt.

In Deutschland ist heute jeder Fünfte von Wohnarmut betroffen.[26] Ein Drittel der Bevölkerung besitzt kaum Rücklagen und sieht keine Möglichkeit, eine unerwartete Ausgabe in Höhe von 1150 Euro aus eigenen Mitteln zu bestreiten.[27]

Banknoten und Münzen sind insbesondere bei Menschen mit geringem Einkommen beliebt.[28] Viele von ihnen schätzen Bargeld als einen Helfer, die Finanzen im Blick zu behalten.[29] Und das zu Recht, denn digitale Zahlungsmittel fördern den Konsum. Relativ bekannt

25 *bargeldverbot.info*, 7. Juli 2024, https://bargeldverbot.info/petition

26 *Der Paritätische*, »Wohnen macht arm«, Berlin 2024, www.der-paritaetische.de/fileadmin/user_upload/Schwerpunkte/Wohnen/doc/Kurzexpertise_Wohnarmut_24_12_13.pdf. Erläuterung unter https://hakonvonholst.de/aktuell/notizen-2023-2024/#161224-718

27 Bundesamt für Statistik, 5. Oktober 2022, www.destatis.de/DE/Presse/Pressemitteilungen/2022/10/PD22_N062_63.html

28 Bankenverband BdB, Mai 2023, S. 3, https://cms.bankenverband.de/sites/default/files/2023-05/2023%2005%2017%20Charts%20U_Digitaler%20Euro_final.pdf. Sowie Deutsche Bundesbank, »Zahlungsverhalten in Deutschland 2023«, Frankfurt/M. 2024, S. 58

29 »Zahlungsverhalten in Deutschland 2023«, Frankfurt/M. 2024, S. 29

ist ein Experiment aus den USA: Vor einem wichtigen Basketballspiel wurden Studenten gefragt, wie viel sie für ein Ticket zu zahlen bereit wären. Ein Teil der Versuchspersonen hatte den Betrag in bar abzuliefern, der andere musste zur Kreditkarte greifen. Den Barzahlern war das Sportereignis im Schnitt 29 Dollar wert, den Kartenzahlern 61 Dollar.[30]

2013 wurde diese Studie in Kopenhagen wiederholt. Diesmal stellten die Forscher sicher, dass jeder seine finanziellen Kapazitäten kannte. Dazu erhielten die Teilnehmer 100 Kronen in bar. Die Digitalzahler sollten die Banknote im Portemonnaie verstecken und stattdessen ihre Karte zücken, die Barzahler behielten den Geldschein vor sich. Auch bei diesem Experiment zeigte sich ein signifikanter Unterschied: Die Nutzer der Debitkarte waren bereit, 37 Prozent mehr Geld auszugeben als die Barzahler.[31]

Eine beliebte Erklärung für das Phänomen ist der »Schmerz des Bezahlens«. Den Begriff prägte der Psychologe Ofer Zellermayer mit seiner gleichnamigen Doktorarbeit aus dem Jahr 1996. Er sagt: »Der Schmerz beim Bezahlen verschwindet umso schneller, je weniger wir aktiv an der Zahlung beteiligt sind.«[32] Bargeld flutscht eben nicht davon mit einem Wisch über das Smartphone. Und es tut weh, sich unwiederbringlich von etwas zu trennen. Wer Banknoten und Münzen weggibt, erinnert sich unterbewusst an das Sparschwein aus seiner Kindheit und an die Notwendigkeit zu sparen, bevor man ausgibt. Zellermayer warnt: »Ohne Bargeld werden Kunden das Gespür dafür verlieren, ob sie sich immer weiter verschulden.«

30 Drazen Prelec, Duncan Simester, »Always Leave Home Without It: A Further Investigation of the Credit-Card Effect on Willingness to Pay«, 2001, DOI: 10.1023/A:1008196717017

31 Emma Runnemark et al., »Do consumers pay more using debit cards than cash?«, DOI: 10.1016/j.elerap.2015.03.002

32 Zitiert in: *Wirtschaftswoche*, 19. Januar 2015, www.wiwo.de/politik/deutschland/bargeld-abschaffen-woran-es-beim-bargeldlosen-bezahlen-hapert/11237558.html

Wer achtzigmal am Tag zum Handy greift, erinnert sich schlecht an die fünf Sekunden, in denen er sein Smartphone vor das Zahlungsgerät an der Ladenkasse gehalten hat. Wer Bargeld nutzt, prägt sich besser ein, wie viel Geld er von sich gibt. Auch das bestätigen Studien. Der Forscher Dilip Soman berichtet von folgendem Experiment: 41 Studenten wurden vor dem Universitätsbuchladen abgefangen und zu ihrem Kauf befragt. Von den 18 Barzahlern erinnerten sich 67 Prozent an den exakten Betrag. Unter den 23 Kreditkartenzahlern gelang das nur jedem Dritten (35 Prozent). Mit einem zweiten Experiment kam an den Tag, dass sich Barzahler auch die Gesamtzahl ihrer Einkäufe besser einprägen.[33] In einer 2017 publizierten Studie von Forschern der Universität Köln konnte der Effekt bestätigt werden. Am Versuch nahmen diesmal 496 Studenten teil. Wer in der Cafeteria bar bezahlte, erinnerte sich besser an den Rechnungsbetrag. Der Unterschied war signifikant.[34]

Barzahler spüren stärker, dass ihnen der Erwerb einer Schachtel Pralinen, einer Hose oder eines Buches einen Teil ihrer Lebenszeit kostet. Das hat den Nebeneffekt, dass sie eine stärkere emotionale Verbindung zum Kaufgegenstand aufbauen, wie eine Untersuchung aus Nordamerika zeigt.[35] Ein Hinweis darauf, dass man besser auf seine Sachen achtgeben wird. Die Deutsche Bundesbank ging noch einen Schritt weiter und fand heraus, dass Barzahler weniger zu ungeplanten Käufen neigen und ihren Kauf im Nachhinein seltener für unnötig erachten.[36] Auch das

33 Dilip Soman, »Effects of Payment Mechanism on Spending Behavior: The Role of Rehearsal and Immediacy of Payments«, 2001, DOI: 10.1086/319621

34 Rufina Gafeeva et al., »What else can your payment card do? Multifunctionality of payment modes can reduce payment transparency«, 2017, DOI: 10.1007/s11002-017-9445-2

35 Avni Shah et al., »›Paper or Plastic?‹: How We Pay Influences Post-Transaction Connection«, 2016, DOI: 10.1093/jcr/ucv056

36 Martina Eschelbach, »Pay cash, buy less trash? – Evidence from German payment diary data«, 2017, https://hdl.handle.net/10419/162908

unterstreicht, dass Barzahlungen sinnlosen Konsum vermeiden, der in unserer Gesellschaft deshalb so verbreitet ist, weil der Mensch nicht glücklich ist und sich zumindest für einen Moment besser fühlen möchte.

Ich persönlich engagiere mich seit 2019 für das Bargeld, also seit ich 20 bin. Mein Mitstreiter Hansjörg Stützle ist schon viel länger am Thema dran. Er arbeitete früher in der Sanierung finanziell angeschlagener Unternehmen und erlebte als Schuldenberater immer wieder, welche Bedeutung Banknoten und Münzen besitzen, damit Menschen die Kontrolle über ihre Finanzen zurückgewinnen oder gar nicht erst in eine Notlage geraten. Mit Bargeld lässt sich wunderbar budgetieren. Man kann Haushaltsposten bilden und das Geld auf Schubladen oder Briefumschläge verteilen. Einkäufe plant man vorher, und man nimmt nur so viel Geld mit wie notwendig. Das diszipliniert. Nebenbei kann man sich jederzeit vor Augen führen und mit allen Sinnen erfahren, dass das Geld bis zum Monatsende reichen wird. In einer nervenzerreißenden Situation schenkt das Ruhe, über Auswege nachzudenken.

Hansjörg Stützle hat sein Wissen über den Umgang mit Geld auch schon vor Schulklassen weitergegeben. Er beobachtet eine wachsende Jugendverschuldung und das Entstehen einer Anspruchsmentalität unter jüngeren Menschen. Einen wichtigen Grund sieht er darin, dass allein die Barzahlung noch sichtbar macht, dass Geben und Bekommen zusammengehören. Beim Zahlen mit Karte bleibt der Rückfluss zum Verkäufer unsichtbar – man wird geradezu beschenkt. Um in eine bessere Welt zu kommen, wäre es besser, keine Erwartungen voranzustellen, sondern fairen Austausch mit seinen Mitmenschen zu leben. Menschen haben viele gute Ideen, aber wo man etwa Schnäppchen im Discounter jagt, anstatt auf dem Markt direkt bei einem Bauern einzukaufen, der gut mit seinen Tieren und Böden umgeht, da kann die Idee schlecht leben, denn es fließt kein Geld dorthin. Dabei schwächt sich der Konsument letztlich selbst, denn er investiert in einen anonymen Konzern, nicht jedoch in die Beziehung zu den Menschen in seiner Umgebung. Wenn aber die Wirtschaft in der Umgebung floriert, dann wird der Mensch Arbeit finden.

Bargeld erinnert an das elementare Prinzip von Geben und Bekommen und an die Bedeutung von gutem Austausch. Allein aus diesem Grund ist es essenziell, dass wir uns für eine Zukunft mit Bargeld einsetzen. Oder sollen schon kleine Kinder mit dem Smartphone zum Bäcker gehen, elektronische Sparschweine nutzen und mit einer *Mastercard* das Konsumieren lernen?

Wo sinnloser Konsum unterbleibt, können qualmende Fabrikschlote blühenden Wiesen weichen. Und nicht nur der Umweltschutz, auch die Gesundheitsminister dürfen endlich Interesse am Schutz des Bargelds anmelden: Eine Studie aus den USA zeigt, dass Barzahler ihre Impulse besser im Griff haben, wenn es um unnötige Ausgaben im Supermarkt geht: Süßigkeiten und andere ungesunde Produkte bleiben vermehrt im Regal liegen.[37]

37 Manoj Thomas, »How Credit Card Payments Increase Unhealthy Food Purchases: Visceral Regulation of Vices«, 2011, DOI: 10.1086/657331

Kriegserklärung an das Bargeld

> ***»Es gibt eine unglaubliche Gelegenheit in der Welt, Einnahmen zu erzielen, dadurch dass der Umweg über Bargeld entfällt. Für mich ist Bargeld Staatsfeind Nummer eins.«[38]***
>
> Ajay Banga 2014, damals Hauptgeschäftsführer von *Mastercard*, seit 2023 Präsident der Weltbank

Nach der Großbank *JPMorgan Chase* sind *Visa* (700 Mrd. US-Dollar) und *Mastercard* (525 Mrd. US-Dollar) die zwei wertvollsten Unternehmen im Finanzdienstleistungssektor nach Börsenwert.[39] Im Euroraum werden gut 60 Prozent der Kartenzahlungen über die Systeme dieser beiden US-Konzerne abgewickelt.[40] Weltweit kontrollieren sie laut Medienberichten sogar 90 Prozent des Marktes, wenn man von China absieht.[41] *Visa* und *Mastercard* beschäftigen vergleichsweise wenig Mitarbeiter, aber sie verwandeln die Hälfte ihres Umsatzes in Gewinn. Der Profit nach Steuern liegt irgendwo zwischen 10 und 20 Milliarden US-Dollar pro Jahr. Die Kreditkartenkonzerne machen Geld mit Geld, und sie führen eine Schlacht.

Vielleicht dachten Sie bisher, die Begeisterung für eine digitale Welt liege in der Natur des Menschen und der

38 *Youtube*, 13. Juni 2014, »MasterCard CEO Ajay Banga on Taking Risks in Your Life and Career«, aufgezeichnet von der *Stanford Graduate School of Business*, 24. April 2014, Minute 26:18, https://youtu.be/9-tjY-DG5-0?feature=shared&t=1578

39 Gemessen am Gesamtwert der in Umlauf befindlichen Aktien. Siehe Übersichtstabelle von *Companiesmarketcap*, https://companiesmarketcap.com/financial-services/largest-financial-service-companies-by-market-cap/ [abgerufen 1. März 2025]

40 Internationale Kartensysteme dominieren 64 Prozent des Marktes laut EZB, 23. September 2024, www.ecb.europa.eu/press/key/date/2024/html/ecb.sp240923~cccba29006.en.html#footnote.14. Siehe auch: www.kostenlose-kreditkarte.de/der-kartenzahlungs-markt-in-zahlen.php

41 Siehe etwa bei *BBC*, 6. März 2022, www.bbc.com/news/business-60637429

 Prozess der Digitalisierung folge rationalen Erwägungen? Sehen Sie das Bild vor sich: Sorgenfreie Menschen zahlen mit glänzenden Bankkarten, während sich auf alten Geldscheinen Bakterien tummeln? Wer brachte diesen Gedanken in die Welt?

Für ihre Aktivitäten findet die Kartenbranche schon lange drastische Worte. Die Fachzeitschrift *European Card Review* zitierte *Mastercard*, man führe jetzt »den Krieg gegen das Bargeld mit der nächsten Generation von Debitkartenlösungen«. Das Ziel: die Leute dazu bewegen, auch kleine Beträge mit Karte zu bezahlen.[42] Das war Anfang 2006. Seither zielte der Konzern mit etlichen Kampagnen auf die öffentliche Meinung. Ein eindrucksvolles Beispiel möchte ich hier wiedergeben. Der Startschuss fiel am 25. März 2013.

»Schweizer Geld ist schmutzig und keine noch so gute Geldwäsche wird daran etwas ändern, sagen Wissenschaftler« *(The Local Switzerland)*.[43] Von der öffentlich-rechtlichen Rundfunkanstalt *Danmarks Radio* erfährt die Bevölkerung: »Geldscheine und Münzen sind gefährliche Keimbomben«, und weiter: Sie »sind dreckig und voller Bakterien, und dänisches Bargeld zählt zum Schlimmsten«.[44] Dann steigt der amerikanische Fernsehsender *CNN* ein: »Wenn Sie dachten, schmutziges Geld gäbe es nur auf Offshore-Konten, werfen Sie lieber einen Blick in Ihre Geldbörse. Doch vielleicht sollten Sie sich danach die Hände waschen.« Es folgt eine vertrauenswürdige Quelle: »Unabhängige Tests an europäischem Geld, durchgeführt von einem Wissenschaftlerteam der Universität Oxford, ergaben, dass eine Banknote im Durchschnitt rund

42 Jane Adams, »The war on cash«, in: *European Card Review*, Ausgabe März/April 2006, S. 12

43 *The Local*, 27. März 2013, www.thelocal.ch/20130327/swiss-money-really-is-dirty-uk-scientists

44 *Danmarks Radio*, 26. März 2013, www.dr.dk/nyheder/indland/pengesedler-og-moenter-er-farlige-bakteriebomber

26.000 Bakterien aufweist – genug Keime, um Übelkeit zu verursachen und möglicherweise sogar Krankheiten zu übertragen.«[45] Der *CNN*-Moderator Richard Quest steht mit Hygienehandschuhen vor der Kamera, seinen Fingerspitzen entgleiten Euro-Banknoten.

So berichteten die Medien nicht nur in der Schweiz, in Dänemark und den USA. Die Schlagzeilen geisterten genauso durch Deutschland, Österreich, Frankreich, Spanien, Großbritannien, die Ukraine, Russland und Japan.[46] Ich recherchierte: In welcher renommierten Fachzeitschrift wurde die Studie publiziert? Als alleinige Quelle der Informationsflut entpuppte sich keine Eliteuniversität, sondern eine Pressemitteilung von *Mastercard*. Die fand sich in verschiedenen Sprachen veröffentlicht auf einschlägigen Presseportalen.[47] Eine Tabelle zeigte die jeweilige Anzahl von Bakterien auf Banknoten verschiedener europäischer Länder nebst den Ergebnissen einer Umfrage: Wie viel Prozent der nationalen Bevölkerung halten Bargeld für den unhygienischsten Gegenstand? Im Schnitt 57 Prozent – keine Überraschung, denn die Teilnehmer durften nur zwischen vier Gegenständen wählen: Bücher in einer Bibliothek, die Tasten auf einem Kartenbezahlterminal, der Handlauf einer Rolltreppe und schlussendlich die wichtigste Option: »Scheine und Münzen, die Sie als Wechselgeld erhalten.«[48] Die unterschwellige Botschaft versteckte sich in dem Nebensatz: »Wechselgeld« – also Kontakt mit fremden Menschen …

45 *CNN*, 28. März 2013, https://edition.cnn.com/2013/03/28/business/dirty-money/index.html

46 Mehr zum Thema in meinen Arbeiten unter https://bargeldverbot.info/2021/02/22/mastercard-gesundheitsgefahr-aufgedeckt/ oder https://bargeldverbot.info/2024/06/13/vortrag-prag-schmutzgeld-kampagne/

47 Original unter https://web.archive.org/web/20130331050808/http://newsroom.mastercard.com/press-releases/how-clean-is-your-cash-europeans-rank-cash-as-dirtiest-everyday-item/, Schwedisch auf https://web.archive.org/web/20200725084747/www.mynewsdesk.com/se/pressreleases/kontanter-aer-bakteriebomber-tycker-svenskarna-850312 und Deutsch unter https://web.archive.org/web/20170731084755/www.presseportal.de/pm/113997/2440005

48 Siehe https://web.archive.org/web/20200725084652if_/https://newsroom.mastercard.com/wp-content/uploads/2013/03/Cash-Hygiene.pdf

Garniert wurde die Meldung mit den Worten eines Wissenschaftlers, jeweils zugeschnitten auf die Nation: »Es hat seine Gründe, dass die Deutschen Bargeld für schmutzig halten. Die Euros, die wir getestet haben, enthielten durchschnittlich 11.000 Bakterien. Bei einigen Krankheitserregern reicht das für eine Infektion aus.« Die Aussage machte ein Professor für Ingenieurwissenschaften aus Oxford. Die jungen Forscher, die unter seiner Regie Bakterien von Banknoten herunterkratzten, hatten sicher einen lustigen Tag im Labor.[49]

Nun aber zur Sache: Ist Papiergeld tödlich? Eine Fünf-Euro-Banknote der damaligen Serie hatte eine Oberfläche von 149 Quadratzentimetern. Bei 11.000 Bakterien auf einem Schein reden wir also von 74 Keimen je Quadratzentimeter. Das lässt sich vergleichen: Eine Untersuchung der *National Sanitation Foundation* widmet sich Keimzahlen auf Haushaltsgegenständen.[50] Pro Quadratzentimeter fanden die Laboranten im Schnitt 4 Mikroorganismen auf dem Geldbeutel, 31 auf Stiften, 71 auf dem Schneidbrett, 459 auf Küchenarbeitsflächen, 1798 auf dem Griff eines Wasserhahns im Badezimmer, 54.827 im Wasserbehälter der Kaffeemaschine, 246.588 auf dem Zahnbürstenhalter und 1.138.129 im Spülbecken. Andere Quellen sprechen von 1 Million bis 1 Milliarde Mikroben pro Gramm fermentierte Lebensmittel (etwa Sauerkraut, Kefir, Joghurt).[51] Bei einem zehnsekündigen Kuss mit Zungenkontakt wechseln 80 Millionen Bakterien das Boot.[52]

49 Siehe *Youtube*, 26. März 2013, https://web.archive.org/web/20150905170616/www.youtube.com/watch?v=o0s9w7qKa_M

50 *National Sanitation Foundation*, »International Household Germ Study«, 2011, https://d2evkimvhatqav.cloudfront.net/documents/2011_NSF_Household_Germ_Study_exec-summary.pdf

51 Maria Marco et al., »Health benefits of fermented foods: microbiota and beyond«, 2017, DOI: 10.1016/j.copbio.2016.11.010

52 Remco Kort, Martien Caspers, Astrid van de Graaf, »Shaping the oral microbiota through intimate kissing«, 2014, DOI: 10.1186/2049-2618-2-41

Banknoten sind also ein äußerst unfruchtbares Habitat.
Dort fehlt das Wasser zum Leben. Aber was ist mit gefährlichen Keimen? Nehmen wir das Beispiel der Salmonellen-Vergiftung. Um daran zu erkranken, müssen in der Regel erst einmal 10.000 bis 1 Million Bakterien auf die Gabel und in den Mund. Die Angabe stammt vom Robert Koch-Institut.[53] Nur eine einzige Banknote servieren, das würde also kaum reichen, zumal dort nicht 11.000 Salmonellen sitzen, sondern vor allem die Mikrobenarten, die natürlicherweise auch auf unserer Haut vorkommen. Münzen essen verspricht ebenfalls keinen Erfolg, denn unser Kleingeld besteht hauptsächlich aus Kupfer, einem Metall mit stark antimikrobieller Wirkung.

Wenn man Geld also schon nicht verspeist, nimmt man es doch immerhin in die Hand. Forscher untersuchten, wie viele Bakterien sich an der berührten Stelle ablösen und den Fingern anheften. Aufgrund der porösen Oberfläche von Banknoten funktioniert das schlecht. Die gemessenen Werte lagen zum Teil unter der Nachweisbarkeitsgrenze und im Schnitt maximal bei 0,2 Prozent.[54] Bei Edelstahl- und Glasgegenständen sind dagegen über 50 Prozent möglich.

Mastercard hat an ein völlig falsches Bild appelliert. Mikroben sind nicht böse; wir brauchen sie zum Leben: Auf unserer Haut arbeiten Milliarden von Bakterien. Das Immunsystem ist auf ihre Signale angewiesen, sonst funktioniert es nicht richtig. Über diese Erkenntnis berichtete das Wissenschaftsjournal *Nature* schon 2012.[55] Banknoten wandern durch viele Hände, und so spiegelt sich auch die Vielfalt des Lebens auf ihnen. Die Begegnung

53 RKI, https://web.archive.org/web/20250114215619/www.rki.de/DE/Content/Infekt/EpidBull/Merkblaetter/Ratgeber_Salmonellose.html [abgerufen 14. Januar 2025]

54 Gerardo Lopez et al., »Transfer Efficiency of Bacteria and Viruses from Porous and Nonporous Fomites to Fingers under Different Relative Humidity Conditions«, 2013, DOI: 10.1128/AEM.01030-13

55 Virginia Gewin, »The skin's secret surveillance system«, 2012, DOI: 10.1038/nature.2012.11075

 mit den Mikroben stärkt den Körper und trainiert ihn. Wer sich vom Leben isoliert, verliert die Fähigkeit zu überleben.

Die Oxford-Nummer verbuchte *Mastercard* offensichtlich als Erfolg. Schon bald tauchten neue Gruselgeschichten auf: von Grippeviren oder von Barzahlern, die sich nicht die Hände waschen.[56] Ab 2020 beherrschte Corona die Welt. In der Türkei, in Spanien und anderen Ländern lebten die Oxforder Keimtests aus dem Jahr 2013 wieder auf.[57] Zu der neuen Welle von Medienberichten trug *Mastercard* selbst bei.[58]

Hinter den Kulissen lobbyierten die Kartenkonzerne für kontaktlose Zahlungen. Wie viel Geld der Bürger ausgeben kann, ohne die PIN einzugeben, hängt von mehreren Beteiligten ab: Neben den Banken müssen die Zahlungsdienstleister mitziehen, also jene Firmen, die zwischen der Bank des Supermarkts und der Bank des Ladenkunden stehen, um die Kartenzahlung abzuwickeln. Um Fahrt in die Sache zu bringen, klopfte *Visa* am 20. März 2020 in Brüssel an. Ein hoher Mitarbeiter von Vize-EU-Kommissionspräsident Valdis Dombrovskis antwortete in einem durchgesickerten Schreiben: »Ich stimme Ihnen zu, dass kontaktlose Zahlungen eine grundlegende Rolle bei der Eindämmung der Verbreitung von COVID-19 spielen.« In diesem Sinne rief die EU-Bankenaufsichtsbehörde EBA am 25. März dazu auf, die Obergrenze für Zahlungen ohne

56 Siehe https://web.archive.org/web/20200725085113/https://twitter.com/MastercardNews/status/413080727085805568 und https://web.archive.org/web/20200725084838/https://twitter.com/MastercardNews/status/400372996574937088 und https://web.archive.org/web/20200408061237if_/https://newsroom.mastercard.com/wp-content/uploads/2014/05/MasterCard-Dirty-Cash-Report-FINAL.pdf

57 Etwa Wochenzeitschrift *Cambio16*, 22. März 2020, www.cambio16.com/billetes-pueden-contener-hasta-26000-bacterias-dice-estudio/, oder im türkischen Sender *NTV*, www.ntv.com.tr/ekonomi/viruslerin-yayilmasinda-paranin-da-etkisi-var,ekfFMysmlOu7yskw2ZVGKw

58 Siehe https://web.archive.org/web/20200724161146/https://newsroom.mastercard.com/eu/tr/press-releases/mastercard-arastirdi-viruslerin-yayilmasinda-paranin-da-etkisi-var/

PIN-Eingabe auf 50 Euro zu erhöhen.[59] In einem Positionspapier an europäische Behörden begrüßte *Mastercard* den Schritt und forderte weitere Maßnahmen, denn »die Nutzung von Bargeld« sei »äußerst riskant«.

Die Bundesbank dagegen war bereits am 17. März mit dem Infektiologen René Gottschalk vor die Kamera getreten: Banknoten seien kein Infektionsweg, erklärte der Mediziner. Aufgrund ihrer Beschaffenheit würden sich Geldscheine besonders schlecht eignen, Grippe- oder Coronaviruspartikel (auf die Hand) zu übertragen. Die Verbreitung der Viren über Geld könne in beiden Fällen nicht nachgewiesen werden.[60] Die Europäische Zentralbank (EZB) legte im Sommer 2021 nach.[61] In der Studie bestätigte sich: Die Weitergabe von Coronaviruspartikeln über Banknoten ist unrealistisch. Man müsste die Scheine regelrecht damit durchfeuchten. Selbst dann trocknen die Viren nach kurzer Zeit aus. In der Realität befinden sich Banknoten aber die meiste Zeit in Geldbeuteln und Kassen, man trägt sie nicht als Mundschutz.

Die Limits für kontaktloses Bezahlen wurden in ganz Europa angehoben. Die deutschen Banken kündigten die Änderung am 30. März 2020 an.[62] Unbeirrt vom Statement der Bundesbank starteten sie eine Kampagne.[63] Kostenlose Werbematerialien zum Aushang in Geschäften wurden verteilt: Plakate klärten Kunden auf, dass man die Mitarbeiter schützen könne. Dazu brauche es nur eins: »Mit Karte – bitte!« Die großen Discounter gingen voran. In einer kleinen Umfrage des Handelsinstituts EHI gaben

59 EBA, »Statement on consumer and payment issues in light of COVID19«, 25. März 2020

60 www.bundesbank.de/de/aufgaben/themen/von-bargeld-geht-kein-besonderes-infektionsrisiko-fuer-buerger-aus--828542

61 Daniel Todt et al., »A realistic transfer method reveals low risk of SARS-CoV-2 transmission via contaminated euro coins and banknotes«, 2021, DOI: 10.1016/j.isci.2021.102908

62 https://die-dk.de/themen/pressemitteilungen/kreditwirtschaft-wird-limit-fur-kontaktlose-zahlung-im-girocard-system-ohne-pin-eingabe-auf-50-euro-erhohen/

63 https://web.archive.org/web/20200815130822/www.girocard.eu/fuer-haendler/mit-karte-bitte/

damals 84 Prozent der befragten Unternehmen an, im Laden zur bargeldlosen Zahlung aufzufordern.[64]

Die Banken feierten bald einen Erfolg. Die *Girocard* sei 2020 »eine Milliarde mal häufiger« gezückt worden als ein Jahr zuvor.[65] Nach Daten der Bundesbank zahlten die Bürger 2017 noch zu 74 Prozent mit Bargeld, 2023 waren es nur noch 51 Prozent.[66] Überall in Europa stellte man diesen Rückgang fest.[67] In Großbritannien sank der Anteil laut Handelsverband BRC von 37 Prozent (2019) auf 15 Prozent (2021).[68]

Weltweit baute die Finanzwirtschaft ihren Einfluss aus. Der führende PR-Konzern *Weber Shandwick* brüstete sich, seinem langjährigen Kunden *Mastercard* geholfen zu haben, uns in der Corona-Zeit »einer Welt jenseits des Bargelds näherzubringen«.[69] Umfragedaten hätten den Wandel in der Welt bestätigt, den Trend zum kontaktlosen Zahlen. Daraus habe man eine bewegende Geschichte gesponnen. Und so sei es *Mastercard* möglich gewesen, »in dieser kritischen Zeit mit Überzeugungskraft im gesamten Nahen Osten und Afrika« aufzutreten. Ob Zufall oder nicht: Eine 2012 zur Publikation eingereichte Studie bedankt sich bei einem gewissen »WEBER SHANDWICK« für finanzielle Unterstützung. Die Spende datiert auf 2010. Die Studie erschien 2013 unter dem Titel »Isolierung kultivierbarer Mikroorganismen von polnischen Banknoten und Münzen«.[70]

64 EHI Retail Institute, »Blitzumfrage Hygienemaßnahmen im Einzelhandel«, 4. Mai 2020

65 https://web.archive.org/web/20210209093220/www.girocard.eu/presse-mediathek/pressemitteilungen/2021/girocard-jahreszahlen-2020/

66 Deutsche Bundesbank, »Zahlungsverhalten in Deutschland 2023«, S. 38

67 www.ecb.europa.eu/stats/ecb_surveys/space/html/ecb.spacereport202212~783ffdf46e.en.html#toc11

68 https://brc.org.uk/media/jmrhrss1/2024-payments-survey.pdf

69 https://webershandwickmenat.com/our-work/mastercard-mea-contactless-in-touch/ [abgerufen 15. November 2023]

70 Michal Kalita et al., »Isolation of Cultivable Microorganisms from Polish Notes and Coins«, 2013, in: *Polish Journal of Microbiology*, Vol. 62, Nr. 3, 281–286, http://www.pjmonline.org/wp-content/uploads/archive/vol6232013281.pdf

Ein Goldtopf für US-Konzerne

> ***»Mein Ziel ist es, dass wir die herkömmlichen Banknoten und das Bargeld hinter uns lassen und auf digitale Konten umsteigen. Ich möchte, dass unsere Gesellschaft eine Gesellschaft ohne Bargeld wird.«***[71]
>
> Narendra Modi, Premierminister von Indien

Der Griff in die Taschen der Amerikaner ist ein gutes Geschäft. An jedem US-Bürger verdient die Finanzwirtschaft 1300 Dollar im Jahr.[72] Das ist deutlich mehr als in Deutschland (300 Dollar), Österreich (über 500 Dollar) und der Schweiz (über 700 Dollar). Nach Berechnungen der Soziologin Barbara Brandl muss das ärmste Fünftel der amerikanischen Bevölkerung 24 Prozent seines Jahreseinkommens in die Tilgung von Kreditkartenschulden stecken.[73]

Die US-Konzerne sind bestrebt, ihr Geschäft auszuweiten. *Visas* Hauptgeschäftsführer Alfred F. Kelly jr. sagte 2017: »Wir konzentrieren uns darauf, Bargeld aus dem Markt zu drängen. Der wichtigste Wachstumshebel ist die Ablösung von Schecks und Bargeld durch digitale und elektronische Zahlungen.«[74] Viel zu holen gibt es in Indien. 1,5 Milliarden Menschen leben dort. Manche sprechen von einem »500-Milliarden-Dollar-Goldtopf«.[75]

71 Interview mit *Russia Today*, 2. Juni 2017, www.rt.com/shows/sophieco/390573-narendra-modi-india-politics/

72 Gerechnet nur mit Inlandszahlungen. Quelle: *McKinsey*, »The 2022 McKinsey Global Payments Report«, S. 8

73 Barbara Brandl et al., »Small money, large profits: how the cashless revolution aggravates social inequality«, 2024, DOI: 10.1093/ser/mwad071

74 *The Sun*, 14. Juli 2017, www.thesun.co.uk/money/4015843/visa-planning-war-on-cash-by-paying-brit-businesses-to-refuse-to-take-notes-and-coins-as-payment/

75 *Google/BCG*, 2016, https://web.archive.org/web/20230303091617if_/https://web-assets.bcg.com/img-src/BCG-Google%20Digital%20Payments%202020-July%202016_tcm9-39221.pdf

 So steht es in einer Publikation von *Google* und der Unternehmensberatung *Boston Consulting* unter fachlicher Begleitung von *Visa*. Wie gut, dass der Premierminister Bargeld abschaffen möchte und für all die Finanztechnologie-Unternehmen eine Botschaft hat: »Indien ist Ihr bestes Ziel.«[76]

Mastercard knöpfte sich auch die Jugend vor. 2014 veranstaltete der Konzern einen Wettbewerb. Junge Inder wurden um ausgefallene Ideen gebeten: Wie bezahlt der Mensch in der Zukunft? Die ersten Vorschläge machte das Kartenunternehmen selbst. So flackerte in einem Video ein Fingerabdruck auf, und eine Stimme fragte: Wie wäre es mit einem »Chip in deinem Zahn, um zu bezahlen, was du isst«?[77] Die Marketingidee sei im Gespräch mit *Weber Shandwick* entstanden, teilte ein *Mastercard*-Manager freizügig mit.[78]

Die US-Regierung hat ihren Konzernen jahrzehntelang geholfen, die Welt zu erobern. Das Codewort heißt »Finanzielle Inklusion«, das Gewand ist die Entwicklungshilfe. Auf dem »Financial Inclusion Forum« in Washington am 1. Dezember 2015 unter Teilnahme der führenden US-Bank *JPMorgan Chase* und *PayPal* drehte es sich darum, Menschen ohne Bankkonto in das Finanzsystem einzubinden.[79] Denn solchen Leuten kann kein Kredit verkauft werden. Wie soll man auch ihre Kreditwürdigkeit feststellen, ohne Daten über die Finanzen zu besitzen? Die UN-Sonderbeauftragte für finanzielle Inklusion, Königin Máxima der Niederlande, bemerkte in ihrer Rede: »Ich werde nicht vergessen, dass [ein] Vorgänger im Finanzministerium

76 Narendra Modi auf dem »Singapore Fintech Festival« 2018, www.narendramodi.in/pm-modi-s-keynote-address-at-singapore-fintech-festival-14-nov-2018-542252

77 *Youtube*, 12. April 2014, www.youtube.com/watch?v=50RSTrsxmvE

78 *Campaign India*, 28. Mai 2014, www.campaignindia.in/article/mastercard-gets-consumers-thinking-about-a-world-beyond-cash/420898

79 *New York Times*, 1. Dezember 2015, www.nytimes.com/2015/12/02/business/economy/initiatives-aim-to-expand-financial-services-to-low-income-consumers.html

sagte: ›Der Feind ist das Bargeld.‹ Tatsächlich ist es äußerst wichtig, die Menschen reinzubringen.«[80] Worein denn? Der Hauptgeschäftsführer von *PayPal*, Dan Schulman, brachte es auf den Punkt – im Gespräch mit *Bloomberg* am Rande der Veranstaltung: »Wenn man über finanzielle Inklusion nachdenkt ... Das ist ein Modewort dafür, Menschen ins System zu bringen.«[81] 30 Sekunden vorher meinte der Konzernchef: »Der größte Konkurrent, den wir haben, ist die Nutzung von Bargeld.«

Schon vor Jahrzehnten verfolgte die US-Politik das Ziel, die wirtschaftliche Vorherrschaft auszudehnen und gegen Kontrahenten zu verteidigen. Der Kulturanthropologe und Ethnobotaniker Wolf-Dieter Storl wurde als Student Anfang der 1960er für ein inoffizielles Regierungsprogramm ausgewählt.[82] Die Kennedy-Regierung plane, lernte er an der Ohio State University, den Weltfrieden unter Führung der USA zu sichern. Dafür müsse man die Länder der Erde in gegenseitige Abhängigkeit bringen. Also großindustrieller Anbau statt kleine Familienfarmen und Saatguterzeugung unter amerikanische Kontrolle. So könnten die USA die Bedingungen diktieren. Nichtkooperative Länder bekämen keine Samen (und säßen theoretisch vor einem leeren Teller). Der seinerzeitige Chef der US-Behörde USAID (United States Agency for International Development), William Gaud, taufte die Strategie 1968 die »Grüne Revolution«, im Gegensatz zur gewaltsamen Roten Revolution der russischen Kommunisten.[83] Eine besondere Begehrlichkeit war schon damals Indien. Die autarken Dörfer wollte man an den Welthandel anschließen, berichtet Storl. Dazu sollte das Fernsehen aufs Land gebracht werden. Die Mattscheibe

80 Aufzeichnung der Veranstaltung, Minute 31:10. [nicht mehr online verfügbar]
81 *Bloomberg*, 1. Dezember 2015, Minute 5:49. [nicht mehr online verfügbar]
82 Wolf-Dieter Storl, *Mein amerikanischer Kulturschock*, Kailash, München 2017, S. 59ff.
83 Rede 8. März 1968, www.agbioworld.org/biotech-info/topics/borlaug/borlaug-green.html

 könne die Wünsche und Träume der Menschen ändern und Konsumbedürfnisse wecken.

Bis das 21. Jahrhundert anbrach, war man diesem Ziel einige Schritte näher gekommen. Zeit, die Leute ans digitale Zahlungssystem anzuschließen. Am 14. Oktober 2016 verkündete USAID das Programm *Catalyst*.[84] Die USA planten, einen »exponentiellen Anstieg bei bargeldlosen Transaktionen« in ausgewählten Modellregionen Indiens zu erwirken. USAID beschreibt sich als Behörde für Entwicklungshilfe. Sie untersteht den Weisungen des Außenministeriums. Es wäre naiv anzunehmen, dass in dieser Organisation mildtätiges Streben über wirtschaftlichen und politischen Interessen steht. Die ehemalige US-Vizepräsidentin Kamala Harris zeichnete auf der Münchner Sicherheitskonferenz 2024 ein Bild vom Wesen amerikanischer Außenpolitik: »Sie müssen verstehen, dass unser Ansatz nicht auf der Tugend der Nächstenliebe beruht. Wir gehen so vor, weil es in unserem strategischen Interesse ist.«[85] Andere Großmächte ticken sicher ähnlich.

Der Leiter der USAID-Mission in Indien, der US-Diplomat Jonathan Addleton, lobte 2016 die Bemühungen des asiatischen Landes um finanzielle Inklusion und sagte, man werde »diese Bemühungen unterstützen«, indem man sich »auf die Herausforderung« konzentriere, »alltägliche Einkäufe bargeldlos zu machen«. Das scheint einiges an Anstrengung zu erfordern: In einem *Catalyst*-Bericht von 2018 heißt es, man habe es mit »typischen verhaltensbezogenen Herausforderungen« zu tun, etwa mit der »fehlenden Bereitschaft der Verbraucher, digital zu bezahlen«.[86] Der Anthropologe Brett Scott, ein Verfechter des

84 https://2012-2017.usaid.gov/india/press-releases/oct-14-2016-usaid-launches-catalyst-drive-cashless-payments-india

85 16. Februar 2024, https://web.archive.org/web/20240223034027/https://de.usembassy.gov/de/us-vizeprasidentin-kamala-harris-auf-der-munchner-sicherheitskonferenz-2024/

86 https://web.archive.org/web/20230130161359/https://ifmrlead.org/files/catfiles/MERCHANTS.pdf

Bargelds, kam 2019 mit dem Geschäftsführer von *Catalyst*, Badal Malick, ins Gespräch. Man ködere in Indien kleine Händler, ein Kartenbezahlterminal einzuführen, indem man ihnen Kredite anbiete, berichtet Scott in seinem Buch *Cloudmoney*.[87]

Zu seinem Netzwerk von Partnern zählt *Catalyst* unter anderem *Google*, *PayPal*, die Weltbank, *Vodafone*, das Weltwirtschaftsforum, *Mastercard* und *Visa*.[88] Mit an Bord auch die *Better Than Cash Alliance* (BTCA), zu Deutsch Besser-als-Bargeld-Allianz. Die Organisation hatte im Oktober 2016 eine Konferenz organisiert, um *Catalyst* vorzustellen. Als Redner trat Badal Malick auf.[89] Die BTCA wurde 2012 von USAID Seite an Seite mit *Visa*, der zeitweise weltgrößten Bank *Citi* und vier weiteren Akteuren gegründet.[90] Das erklärte Ziel: eine »transparente« und »bargeldarme« Gesellschaft *(cash-light society)*. Im Blick standen und stehen die Entwicklungsländer, also vor allem Staaten in Südamerika, Afrika und Asien. Der Chefökonom der *Citi*-Bank, Willem Buiter, schrieb 2015 in einer Publikation seines Dienstherrn, »dass die Argumente gegen die Abschaffung von Bargeld eher schwach erscheinen«.[91]

Der Wirtschaftsjournalist Norbert Häring brachte die Sponsoren der BTCA ins Rampenlicht.[92] Dazu zählen nicht nur die *Mastercard*-Stiftung, sondern auch Regierungen. Anfang 2025 nannte die BTCA auf ihrer Internetseite fünf

87 Brett Scott, *Cloudmoney*, Penguin, München 2022, S. 164

88 https://cashlesscatalyst.org/partners/ [abgerufen 15. Februar 2025]

89 *Rediff*, 17. Januar 2017, https://m.rediff.com/business/report/digital-payments-have-become-a-fashion-statement-demonetisation-cashless-catalyst/20170117.htm

90 https://web.archive.org/web/20221001203323/https://blog.usaid.gov/2012/09/announcing-the-better-than-cash-alliance/

91 Willem Buiter, Ebrahim Rahbari, »High Time To Get Low: Getting Rid Of The Lower Bound On Nominal Interest Rates«, 9. April 2015. S. 8

92 Häring publizierte zum Thema die Bücher *Die Abschaffung des Bargelds und die Folgen. Der Weg in die totale Kontrolle*, Quadriga, Köln 2016, und *Schönes neues Geld. PayPal, WeChat, AmazonGo. Uns droht eine totalitäre Weltwährung*, Campus, Frankfurt/M. 2018. Er schreibt auf www.NorbertHaering.de.

Partner: die USA, Schweden, Frankreich, die Schweiz und Deutschland.[93] Das führt uns zu der Frage, was sich die Politik in Europa von einer bargeldarmen Gesellschaft verspricht.

93 www.betterthancash.org/about/resource-partners

Verbündete in der Politik

»Wir begrenzen den Bargeldfluss, da zumindest große Zahlungen rechtlich gesehen nicht in bar abgewickelt werden dürfen. Was den Rest betrifft: Sorgen wir dafür, dass kleine Zahlungen mit der Kreditkarte attraktiv sind im Vergleich zu Barzahlungen. Zum Beispiel, indem es etwas kostet, Bargeld abzuheben oder mit Bargeld zu bezahlen.«[94]

Romano Prodi (1999–2004 EU-Kommissionspräsident, 2006–2008 Ministerpräsident von Italien)

In Europa existiert ein »Anti-Bargeld-Kartell«, schrieb Yves Mersch 2016 in einem Gastbeitrag für den *Spiegel.*[95] Der Notenbanker aus dem Direktorium der Europäischen Zentralbank (EZB) unterschied drei Lager: Die »Alchemisten« wollen das Geld mit einem Verfallsdatum ausstatten, damit die Leute konsumieren und die Wirtschaft in Schwung bleibt. Am einfachsten lässt sich das umsetzen, wenn man Bankkonten mit Strafzinsen belastet und der Bürger nicht ins Bargeld flüchten kann. Die zweite Fraktion ist die »Finanz-Tech-Allianz«. Viele Banken sehen im Bargeld eine kostspielige Bürde. Ihren Ballast würden sie gerne abwerfen und stattdessen an Kartenzahlungen verdienen. Als Letztes im Bunde erwähnt Mersch das »Recht-und-Ordnung-Lager«. Diese Gruppe bringt Bargeld vor allem mit Terrorismus, Steuerbetrug und anderen zwielichtigen Aktivitäten in Verbindung. Ihre Vertreter finden wir zum Teil in der hohen Politik. Schauen wir uns einmal die

94 *LA7*, 2. Juni 2020, ab Minute 6:30, www.la7.it/dimartedi/video/romano-prodilotta-allevasione-e-aumento-della-spesa-per-risollevarci-02-06-2020-328349

95 *Spiegel*, 5. Mai 2016, www.spiegel.de/wirtschaft/service/500-euro-schein-bares-bleibt-wahres-kommentar-a-1090897.html

 Zusammenarbeit zwischen EU-Kommission und Finanzwirtschaft an:

Charlie McCreevy amtierte von 1997 bis 2004 als Finanzminister von Irland. Im Anschluss wurde er EU-Kommissar für Binnenmarkt und Dienstleistungen. Auf einem Kongress der EZB in Frankfurt im November 2006 schmeichelte er dem Banken-Publikum: Man könne Unternehmen oder Verbraucher »dazu ermutigen, verstärkt effizientere elektronische Zahlungsmethoden zu nutzen«. Das könne »die Kosten für Bargeld senken – eine Belastung, die oft vom Bankensystem getragen« werde.[96] Diesen Punkt führte der EU-Kommissar bereits am 20. September 2005 bei einer Rede in Paris an. Dort sagte er außerdem, dass digitale Zahlungen besser nachvollziehbar, also überwachungsfähig seien. Das nütze der »Bekämpfung von Geldwäsche und Terrorismusfinanzierung«.[97] Am Tag zuvor hatten die Finanzminister der EU-Länder beschlossen: Bei Zahlungen ab 15.000 Euro mit Banknoten und Münzen müssen Unternehmen künftig die Identität ihrer Kunden feststellen.[98]

Die Kosten des Bargelds sind ein beliebtes Thema bei den Profiteuren seiner Verdrängung. *Mastercard* brachte die Frage vor Jahren in die Medien.[99] Tatsächlich hat Freiheit einen gewissen Preis: Banken und Handel müssen Geldtransporte bezahlen oder (genauso wie im digitalen Bereich) in die Sicherheit investieren. In Europa hängen daher einige Arbeitsplätze am Bargeld. Den Steuerzahler kostet die Sache aber nichts: Die Bundesbank zum Beispiel finanziert sich selbst, druckt Scheine und zahlt an das Finanzministerium für die Produktion von Münzen.

96 13. November 2006, https://ec.europa.eu/commission/presscorner/detail/en/speech_06_679
97 20. September 2005, https://ec.europa.eu/commission/presscorner/detail/de/speech_05_528
98 Richtlinie 2005/60/EG
99 *Welt*, 21. Mai 2013, www.welt.de/finanzen/article116392426/So-viel-kostet-die-Deutschen-ihr-Bargeld.html

Darüber wird genauso wenig gesprochen wie über die Tatsache, dass Bargeld als größter Konkurrent von Kartenzahlungen den Gebühren-Appetit der Finanzwirtschaft zügelt. Kurt Pribil sagte als Direktor der österreichischen Nationalbank: »Stellen Sie sich vor, man würde das Bargeld abschaffen. Ich bin davon überzeugt, dass dann die Gebühren für Transaktionen, für Überweisungen, für unbare Zahlungsmethoden dramatisch in die Höhe schnellen würden.«[100]

Vor Jahrzehnten musste die Kreditwirtschaft einige Mühe darauf verwenden, ihre Girokonten zu vermarkten. Sie überzeugte Firmen, ihren Mitarbeitern das Gehalt, also die Anerkennung für die eingebrachte Lebenszeit, nicht mehr in der Lohntüte zu überreichen, sondern den Banken zu überlassen und auf ein Konto zu überweisen. Die Bürger konnte man dafür gewinnen, weil das Girokonto kostenlos war und weil es überall Filialen gab, in denen man das Geld am Schalter abheben durfte. Als aber die Bevölkerung in die Abhängigkeit geraten war, verlangte man Kontoführungsgebühren. Aus Verbraucherschutzgründen wurde später sogar ein Recht auf ein (meist kostenpflichtiges) Konto eingeführt, allerdings nur für Privatpersonen, nicht für die Unternehmen. Das Beispiel unterstreicht die Warnung von Kurt Pribil.

EU-Kommissar Charlie McCreevy hatte sich in Paris und Frankfurt vorsichtig ausgedrückt. Schließlich werden solche Reden auf einer behördlichen Internetseite dokumentiert. Bei EU-Beamten niederer Ränge ist das nicht der Fall. Als *Mastercard* Mitte der 2000er auf einem Kongress den Krieg gegen das Bargeld ausgerufen hatte, trat auch ein Mitarbeiter von McCreevy aus der Generaldirektion Binnenmarkt und Dienstleistungen auf. *European Card Review* zitierte ihn: »Uns ist der Krieg gegen das Bargeld

100 ORF, ZIB-2-Magazin, 4. Mai 2016

 recht, [aber] wenn es einen echten Krieg gegen das Bargeld geben soll, muss auch die Preisgestaltung stimmen.« Und dann folgten Taten. Im Dezember 2007 griff die EU-Kommission in die Gebührenstruktur von *Mastercard* ein. Sie verbot einen wesentlichen Teil des Entgelts, der vom Einzelhandel zu tragen war, wenn Touristen aus dem Ausland mit Karte zahlten. Brüssel versuchte, den Wettbewerb um das günstigste Angebot anzuheizen. Mehr Wettbewerb in der Finanzbranche führt zu günstigeren Preisen und somit zu einer höheren Kartenakzeptanz bei Händlern, so der Gedanke. In einer Aussendung an die Presse betonte die EU-Kommission, dass man das Marktgeschehen beobachten werde, insbesondere die Frage, ob die weitere Entwicklung zu effizienteren Zahlungssystemen führe und helfe, »den ›Krieg gegen das Bargeld‹ zu gewinnen«.[101] In jedem Falle könne Europa den »Krieg« ohne das verbotene Entgelt gewinnen. Die Beispiele skandinavischer Länder wie Norwegen würden das beweisen.

Die Amtszeit von McCreevy als EU-Kommissar endete 2010, danach nahm er einen Posten bei einer amerikanischen Großbank an. In Brüssel arbeitete man weiter den Feldherren aus der Finanzwirtschaft zu: Mit der Interbankenentgelt-Verordnung von April 2015 wurden digitale Zahlungen EU-weit vergünstigt. Wenn ein Kunde mit Karte bezahlt, behält seine Bank meist eine Gebühr vom Händler ein, das sogenannte Interbankenentgelt. Hier wurde eine Obergrenze eingeführt von 0,2 Prozent vom Umsatz bei Debit- oder EC-Karten und 0,3 Prozent bei Kreditkarten. »Die Nutzung elektronischer Zahlungen« solle »gefördert und erleichtert werden«, steht in der Verordnung. »Kartengebundene Zahlungsvorgänge anstelle von Bargeldzahlungen« brächten »Vorteile für Händler«. Es gehe um die »Wahrung der Möglichkeit für

101 19. Dezember 2007, https://ec.europa.eu/commission/presscorner/detail/de/memo_07_590

die Verbraucher«, Zahlungskarten »so oft wie möglich zu verwenden«.

Das Gesetz brachte etwas ins Rutschen: »EC-Karte ab 10 Euro Einkaufswert«, diese Schilder verschwanden an den Kassen. Der Krieg um Kleinbetragszahlungen begann. Brüssel sah sich bald bestätigt: Die Interbankenentgelte in Europa seien gesunken. Um 2,6 Milliarden Euro pro Jahr.[102] Im deutschen Einzelhandel stieg währenddessen die Akzeptanz von Kreditkarten.[103] Konkurrenz bekam die *Girocard*, ein Angebot der nationalen Banken.

Inzwischen beklagen der Handelsverband Deutschland (HDE) und andere Verbände steigende Kosten. Denn *Mastercard* und *Visa* erhöhten nach 2015 ihre Systemnutzungsgebühr Schritt um Schritt, und die wird vom Gesetz nicht erfasst. Die Händler sehen sich den US-Konzernen nun ausgeliefert. Der HDE schreibt, man könne inzwischen »nicht mehr über die Akzeptanz der Kartensysteme entscheiden«, sie werde »vom Kunden vorausgesetzt«.[104]

Kaum jemand hat eine Vorstellung davon, was den Handel digitale Zahlungen kosten. Der Bürger erfährt es nie, weil der Staat dafür gesorgt hat, dass es Unternehmen verboten ist, die Gebühr an den Kunden weiterzureichen. Das regelt eine EU-Vorschrift von 2015, seit 2018 Bestandteil des Bürgerlichen Gesetzbuchs.[105] Würde die Kartenzahlung in vielen Läden extra kosten, müsste die Finanzwirtschaft die Preise senken. Andernfalls ginge das Geschäft den Bach runter.

Brüssel hat also eine Menge für die privaten digitalen Zahlungsmittel getan. Kümmerte sich die Politik in dieser Zeit auch um das Bargeld, das einzige staatliche

102 11. März 2020, https://ec.europa.eu/commission/presscorner/detail/en/ip_20_442

103 Horst Rüter, »Zahlungssysteme im Einzelhandel 2020«, EHI Retail Institute, Köln 2020

104 https://zeitzumhandeln.hde.de/handlungsfelder/innovativ-handeln-zahlungskosten/ [abgerufen 21. Februar 2025]

105 Richtlinie 2015/2366: Art. 62 (4). BGB: § 270a

Zahlungsmittel? Ja, der Gebrauch von Scheinen und Münzen wurde verteuert. In Deutschland galt einmal der Grundsatz, dass der Bankkunde einige Male im Monat kostenlos Bargeld einzahlen und abheben darf. Ein Notenbanker sagte vor Jahren: »Bankeinlagen sind gesetzliche Schulden, die eine Bank ihren Kunden schuldet – sicherlich sollte ein Kreditgeber keine Zusatzgebühr für die Eintreibung von Schulden zahlen müssen.« Doch in der EU-Zahlungsdiensterichtlinie von 2007 wurden Ein- und Auszahlung schlicht zur (gnädigen und selbstverständlich bepreisbaren) Dienstleistung erklärt.[106]

Als Bärendienst entpuppte sich die EU-Münzprüfverordnung von 2010, die 2015 inkrafttrat. Seitdem muss jede bei einer Bank eingezahlte Münze auf Echtheit geprüft werden. Und das, obwohl laut Bundesbank keine Fälschungen von Münzen unter 50 Cent auftauchen. Aufwand und Risiko sind da zu groß. Ein Münzprüfgerät kostet einige Tausend Euro. Anstatt jede Filiale damit auszustatten, beauftragen Banken oft einen externen Dienstleister mit der Arbeit. Wenn Händler früher Münzrollen zur Banken brachten, konnten die Stangen gleich dem nächsten Ladeninhaber ausgereicht werden. Das ist vorbei, die Banken mussten hohe Münzgebühren einführen, und dem Handel vergeht die Freude am Kleingeld. Und das alles wegen ein paar Zehntausend Euro Schaden im Jahr in der Bundesrepublik durch gefälschte 2-Euro-Stücke.

All diese Regulationen aus Brüssel wären ohne die Unterstützung der Regierungen in Europa nie Gesetz geworden. Die Führungsetage der EU-Kommission setzt sich zusammen aus Abgesandten der Kanzler, Präsidenten und Ministerpräsidenten. Ich habe mit einer Person gesprochen, die auf politischer Ebene mit Finanzministerien in ganz Europa in Kontakt kommt: Selbst in den

106 Siehe BGH-Urteil vom 18. Juni 2019, XI ZR 768/17, Absatz 30

Bargeldhochburgen Deutschland und Österreich hätten die Minister und Staatssekretäre »kein Interesse am Bargeld«. Sie reden immer schnell über eins: Geldwäsche und Steuerbetrug. Selbstverständlich heißt das nicht, dass Ministerialbeamte einen Plan aushecken, Barzahlungen grundsätzlich zu verbieten. Aber die Intention ist vorhanden, die Bargeldnutzung zu reduzieren. Aus Berlin fließen nebenbei Steuermillionen an bargeldfeindliche Organisationen im Ausland. Die *Better Than Cash Alliance* erhält derzeit 300.000 Euro pro Jahr vom Entwicklungshilfeministerium. Im Zeitraum 2016–2025 sprechen wir von rund zwei Millionen Euro. Geld gibt es genauso für die *Alliance for Financial Inclusion* (AFI). Gegründet wurde sie 2008 von der GTZ, die mittlerweile in der bundeseigenen *Gesellschaft für Internationale Zusammenarbeit* (GIZ) aufgegangen ist. Das Startkapital lieferte die Stiftung des Milliardärs Bill Gates.[107] Seine Organisation war dann 2012 auch Mitbegründerin der *Better Than Cash Alliance*.

Die AFI will politische und regulatorische Reformen in Entwicklungsländern vorantreiben. Im südostafrikanischen Malawi zum Beispiel wurden Unternehmen vom Staat verpflichtet, Kartenzahlungen zu akzeptieren. Daraufhin arbeitete die AFI mit der *Mastercard*-Stiftung und der örtlichen Zentralbank zusammen, um ein Konzept zur Durchsetzung der Vorschrift zu erstellen. Gleichzeitig bemühte man sich mit Radiobotschaften, den elektronischen Zahlungsverkehr zu fördern.[108] Die AFI beklagte 2023 »ein mangelndes Bewusstsein der Verbraucher« in Malawi. Viele Menschen würden trotz staatlicher Anstrengungen bar zahlen. Ein im Februar 2025 erschienener Artikel der AFI führt Erkenntnisse aus

107 https://web.archive.org/web/20090223184038/www.afi-global.org/
108 www.afi-global.org/opinion/scaling-up-the-use-of-electronic-payments-in-malawi/

der Verhaltensforschung an.[109] Die will man sich zunutze machen, um Menschen dazu zu bewegen, die Angebote der Finanzwirtschaft in Anspruch zu nehmen.

Zu ihren »strategischen Partnern« zählte die Organisation in der Vergangenheit USAID, die Weltbank oder auch die *Financial Action Task Force* (FATF) mit ihren Geldwäschebekämpfungsstandards, zu deren Einhaltung sich nahezu alle Staaten der Welt verpflichtet haben sollen.[110] Prominent Erwähnung fanden ebenso *Visa* und *Mastercard*. Derzeit werden Frankreich, Luxemburg, Schweden, Deutschland und die EU als Unterstützer oder Sponsoren genannt.[111] Wenn das deutsche Entwicklungshilfeministerium seinen Förderzusagen nachkommt, wird die AFI zwischen 2017 und 2027 insgesamt 7,5 Millionen Euro erhalten haben.

Italien ging bereits offensiver gegen das Bargeld vor. Im Juni 2020 sprachen sich gleich zwei ehemalige Ministerpräsidenten für eine schrittweise und weitgehende Abschaffung von Bargeld als Zahlungsmittel aus. Das Mittel sollten Anreize, nicht Strafen sein. Neben Romano Prodi war das Matteo Renzi, der Chef der an der Regierung beteiligten Partei Italia Viva. Er sagte in einer Videobotschaft: »Wir müssen das Bargeld überwinden, wir müssen in Richtung einer bargeldlosen Gesellschaft gehen.« Und weiter: »Wenn wir das Bargeld überwinden wollen, müssen wir um Himmels willen Transaktionen per Handy und Kreditkarte erleichtern, ein Geschäftsmodell für digitale Zahlungsunternehmen schaffen.«[112] Schon im Dezember 2020 gab es dann eine Art Corona-Hilfe für Bürger, gekoppelt an elektronische Bezahlungen.

109 www.afi-global.org/opinion/behavioral-insight-can-accelerate-progress-on-financial-inclusion/

110 https://web.archive.org/web/20111119112011/http://www.afi-global.org/our-partners

111 www.afi-global.org/about-afi/donors-partners/

112 Videoausschnitt unter www.ansa.it/sito/videogallery/economia/2020/06/03/renzi-serve-voluntary-disclosure-sul-contante_19bbacfb-d6b8-4b7d-95a8-5af9b6c25b8e.html

Wer für 100 Euro mit der Karte einkaufte, bekam 10 Euro aufs Konto zurückerstattet.[113] Wenig später beschenkte der Staat Kartenzahler zudem mit Lotterielosen. Diese Verlosungen finden weiterhin statt.[114]

113 Siehe etwa www.nzz.ch/wirtschaft/italien-sagt-bargeld-den-kampf-an-ld.1789064
114 Siehe unter www.altroconsumo.it/soldi/imposte-e-tasse/news/lotteria-scontrini

»Freiheit stirbt scheibchenweise.« [115]

Carl-Ludwig Thiele, Bundesbankvorstand (2010–2018), über Bargeldobergrenzen

Ab Sommer 2027 gilt EU-weit ein Verbot von Bargeldzahlungen ab 10.000 Euro. Die Niederlande, Belgien, Frankreich, Spanien und Italien hatten gemeinsam in Brüssel für eine niedrigere Grenze von 5000 Euro plädiert.[116] Bislang beschränken 17 EU-Staaten eigenständig die Höhe von Barzahlungen an der Ladenkasse. Die Limits liegen zwischen 500 Euro in Griechenland und 15.000 Euro in der Slowakei. In zwölf Ländern greift das Verbot bei Beträgen unter 10.000 Euro, und daran ändert sich auch 2027 nichts, denn die EU-Geldwäscheverordnung erlaubt den Mitgliedstaaten, niedrigere Grenzen festzulegen.

Der Trend geht also dahin, den Bürger ins Bankensystem zu zwingen. Vom digitalen Zahlungsverkehr verspricht man sich eine bessere Überwachung. Bevor es politisch durchsetzbar war, Barzahlungen zu verbieten, hob die Europäische Union lediglich die Anonymität bei teuren Käufen auf: Zunächst sollten Händler ihre Kunden ab 15.000 Euro identifizieren, später schon bei 10.000 Euro, und in 2027 sinkt die Schwelle auf 3000 Euro.

Banken müssen Bareinzahlungen unter die Lupe nehmen. Schon bei Summen über 1000 Euro fragen sie inzwischen öfter nach der Herkunft. Gefühlsmäßig verliert das Geld unter dem Kopfkissen seinen Wert, weil ein größerer Kauf erst nach überstandener Geldwäscheprüfung getätigt werden kann. Es erscheint auch daher

115 *FAZ online*, 9. Februar 2016, www.faz.net/aktuell/wirtschaft/wirtschaftspolitik/bundesbank-warnt-vor-bargeld-obergrenze-14060686.html

116 https://nos.nl/artikel/2398511-nederland-pleit-voor-cash-limiet-van-5000-euro-in-eu

zunehmend unattraktiv, das eigene Geld von den Banken zurückzuholen und selbst zu horten.

Bei den Obergrenzen reden wir offenbar vom Einstieg in den Ausstieg aus dem Bargeld: Neun EU-Länder verschärften bereits ihre Regeln, ohne sie je wieder zu lockern: Bulgarien, Frankreich, Griechenland, Kroatien, Slowenien, Spanien, Tschechien, aber auch Belgien.[117] Dort fing das Verbot bei 15.000 Euro an und sank auf 5000 (in 2012) und auf 3000 Euro (in 2014). Dänemark wiederum begann bei 100.000 Kronen. 2013 waren es nur noch 50.000, dann 20.000 (in 2021) und schließlich 15.000 Kronen (in 2024). Umgerechnet sind das jetzt 2000 Euro.

In Griechenland scheitert der Bürger daran, einen Computer oder eine mittelhohe Hotelrechnung bar zu bezahlen. Das Limit von 500 Euro wollte die Regierung sogar auf 200 Euro senken. Den Plan musste sie Anfang 2023 vorerst aufgeben.[118] Unter anderem deshalb, weil der 500-Euro-Schein wertlos geworden wäre. Die Banknote ist im Euroraum weiterhin ein gültiges Zahlungsmittel, und daran darf nur die Zentralbank etwas ändern.

Rumänien (2023)[119] und Bulgarien (2017)[120] versuchten, ihre Grenzen auf umgerechnet 500 Euro zu senken. Sie trafen auf (ausreichend) Widerstand, entweder in der eigenen Bevölkerung oder bei der EZB. Lediglich Deutschland, Österreich, Estland, Finnland, Irland, Luxemburg, die Niederlande, Polen, Schweden und Ungarn verzichteten bislang auf eine Bargeldobergrenze an der Ladenkasse.

117 Länderübersicht unter https://bargeldverbot.info/2021/11/26/18-eu-laender-bargeldobergrenzen/

118 www.kathimerini.gr/economy/562301962/pagonci-i-meiosi-toy-orioy-chrisis-metriton-apo-ta-500-sta-200-eyro/

119 www.replicaonline.ro/proiectul-oug-pentru-ridicarea-plafonului-la-platile-cu-bani-cash-a-fost-publicat-de-mfp-574023

120 Siehe Stellungnahme der EZB vom 11. Juli 2017 (CON/2017/27)

44 Bargeldobergrenzen unterhalb 10.000 Euro im EU-Raum (Stand März 2025)

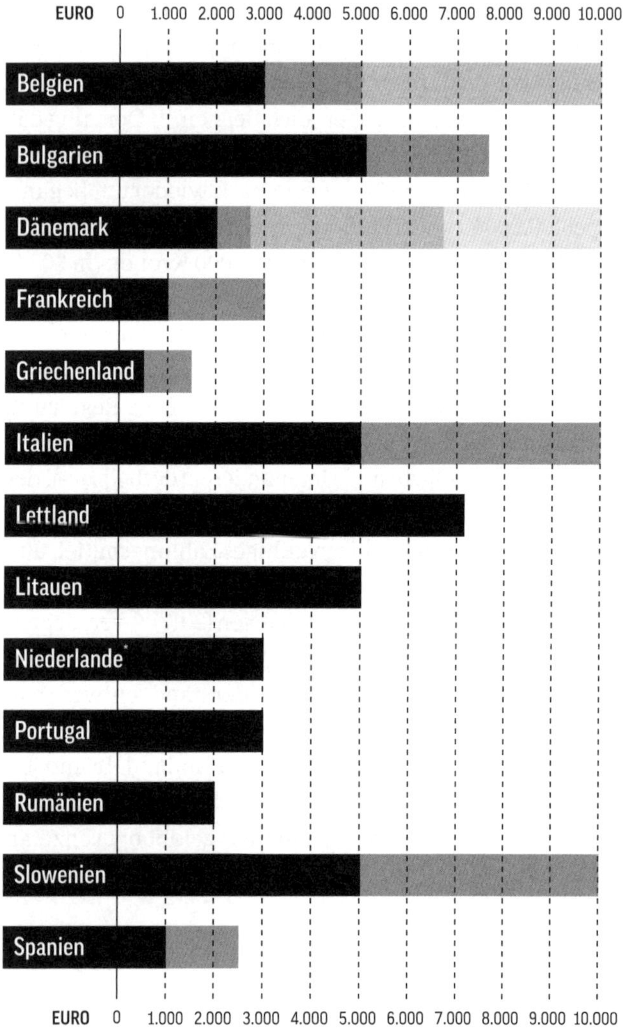

Die grauen Bereiche der Balken markieren die Höhe früherer Barzahlungsverbote in dem jeweiligen Land.

* vom niederländischen Unterhaus beschlossen, Oberhaus muss noch zustimmen

»In Bezug auf die organisierte Kriminalität ist festzustellen, dass diese heute weitgehend bei der Überweisung größerer Zahlungsströme bargeldlos verläuft. Nur noch im Tatort-Krimi werden Millionen in Koffern über die Grenze verschoben – die organisierte Kriminalität hat schon längst andere Möglichkeiten mithilfe von Scheinfirmen und gefälschten Transaktionen ohne Papiere gefunden, bargeldlos große Summen von A nach B zu überweisen.«[121]

Prof. Friedrich Schneider, Ökonom und Schattenwirtschaftsexperte, 2017

Wir wollen jetzt nicht über Kartenbetrug sprechen, der in Europa jährlich 1,5 Milliarden Euro Schaden verursacht und von der Finanzwirtschaft in die Gebühren eingepreist wird.[122] Gehen wir ans Eingemachte: Noch 2016 war der Terrorismus ein zentrales Argument gegen Bargeld. Doch eine Studie im Auftrag der EU-Kommission kam zu dem Schluss, dass die Gesamtkosten für einen Terrorakt häufig unter 10.000 Euro liegen. Außerdem bewegten sich Verkäufer und Terrorist beim Handel mit Waffen oder Sprengstoff im illegalen Bereich, und es sei daher unwahrscheinlich, dass sie sich an ein Barzahlungsverbot hielten.[123] Wenn man darüber nachdenkt, wird klar: Eine totale Bargeldabschaffung macht die Gesellschaft nicht sicherer, sondern verwundbarer. Es bedarf kaum Kapital, Schaden anzurichten, aber das Schadenspotenzial ist umso höher, wenn Angriffe auf Computersysteme ausreichen, den Austausch in der

121 https://dievolkswirtschaft.ch/de/2017/07/schneider-08-09-2017/

122 Betrugsstatistik der EZB vom 26. Mai 2023 unter www.ecb.europa.eu/press/pr/date/2023/html/ecb.pr230526~f09bc3c664.en.html

123 EU-Kommission, 12. Juni 2018, COM(2018) 483 final

 Gesellschaft und die Wirtschaft lahmzulegen, weil der Bürger vor streikenden Kartenterminals steht und keine Chance hat, auf Bargeld auszuweichen.

Das Zauberwort im Kampf gegen Banknoten und Münzen ist inzwischen die Geldwäsche: Das heißt, ein Krimineller möchte illegales Geld legalisieren. Er verkauft Drogen gegen Bargeld, möchte aber lieber über Bankguthaben verfügen. Also betreibt er einen Marktstand oder ein Restaurant und tippt die Rauschgifteinnahmen in die Kasse. Aus illegalen Drogen werden legale Pizzen, und mit Küchenschürze geht es mit den Scheinen auf die Bank. Der Geldwäschebekämpfung liegt die Botschaft zugrunde, man könnte das Jahrtausende währende Verbrechen austrocknen, indem man alle nicht überwachungsfähigen Zahlungsmittel verbietet. So wäre kriminelle Arbeit unattraktiv, denn für schwarzes Geld gibt es keine Villen.

Der Einzelhandel steht immer öfter am Pranger. Er zahlt seine Einnahmen auf Konten ein. Bei Umsatzschwankungen werden zum Teil Kassenjournale verlangt. Die Bank und ihr Geldwäschebeauftragter müssen schließlich die Transaktionen auf Plausibilität prüfen. Wenn der Staat ihre Arbeit missbilligt, drohen beiden empfindliche Strafen. Daher gilt jeder Bankkunde als potenzieller Geldwäscher. Bei der Entscheidung, ob ein Fall zu untersuchen oder ein Verdachtsmoment an die Behörden zu melden ist, orientieren sich Kreditinstitute weltweit an Standards der *Financial Action Task Force* (FATF), die in die Gesetzgebung und in vertrauliche Handreichungen der Behörden einfließen. Die FATF wurde 1989 auf einem Gipfeltreffen der G7-Staaten in Paris gegründet. Die EU-Kommission, Deutschland, Österreich, die Schweiz und zahlreiche weitere Staaten sind Mitglied. Wer seine Gesetzgebung nicht anpasst, landet bei der FATF auf der Liste der Problemkinder. Davor hüten sich die Länder, denn sonst würden fremdländische Banken das Geschäft mit

Unternehmen im eigenen Hoheitsgebiet meiden, da alle Überweisungen, zum Beispiel von und nach Österreich, noch aufwendiger zu prüfen wären als bisher.

Im FATF-Länderbericht Deutschland von 2022 wird die Regierung aufgefordert, »alle verfügbaren Maßnahmen in Betracht« zu ziehen, darunter: »Anreize, um Menschen dazu zu bewegen, von Bargeld auf elektronische Zahlungsmethoden umzusteigen und Geld digital zu horten«, »eine Bargeldobergrenze für Transaktionen« und die »verpflichtende Meldung von Bargeldtransaktionen«.[124]

Welchen Stellenwert die FATF besitzt, zeigt sich auch in den bundesdeutschen Koalitionsverträgen. 2021 vereinbarten SPD, Grüne und FDP, Empfehlungen aus der damals laufenden FATF-Deutschlandprüfung »wo nötig zügig in deutsches Recht« umzusetzen. 2025 kamen Union und SPD überein, das Land vorbildlich auf die nächste FATF-Prüfung vorzubereiten.

Bei alldem fällt unter den Tisch, dass für Verbrecher undenkbar viele Wege existieren, Kapital zu beschaffen, und das auch in einer Welt ohne Scheine und Münzen. Banken erschaffen Geld aus dem Nichts. Wer eine Bank besitzt, kann einer Briefkastenfirma in Asien hohe Kredite gewähren. Das Geld wird investiert und nie zurückgezahlt. Dass Kreditnehmer und Kreditgeber unter einer Decke stecken, lässt sich kaum ermitteln. Oder die Bank erwirbt ein Unternehmen zum Zehnfachen seines Wertes. Von diesen Methoden wissen wir spätestens seit dem *Wirecard*-Skandal.[125]

Kriminelle können eine Parallelwirtschaft aufbauen, untereinander mit digitalem Kryptogeld bezahlen und dabei ihre Identität und ihren Aufenthaltsort auf dem

124 FATF, »Anti-money laundering and counter-terrorist financing measures – Germany«, Paris 2022, S. 41

125 *Süddeutsche Zeitung*, 1. Juli 2020, www.sueddeutsche.de/wirtschaft/wirecard-betrugsverdacht-asien-1.4954210

Globus durch Internet-Anonymisierungsdienste wie das *Tor*-Netzwerk verschleiern. Innerhalb dieser Schattenindustrie wird mit Waren gehandelt, abgezwackt aus dem Bestand legaler Firmen unter Kontrolle von Kriminellen: darunter angeblich beschädigte oder gestohlene Produkte, abgelaufene Lebensmittel und anderes. Villen oder Unternehmen samt ihrem Grundbesitz wechseln zu Freundschaftspreisen den Besitzer, aber der wesentliche Teil des Geldes fließt nicht per Banküberweisung, sondern unsichtbar in einer Schattenwährung. Durch Scheingeschäfte mit nie erbrachten Dienstleistungen lässt sich nebenbei Kryptogeld gegen Bankguthaben eintauschen. Auch durch Lösegelderpressung kann ein stetiger Austausch zwischen Schattengeld und Bankengeld stattfinden. Etwa dann, wenn Hacker in ein Firmennetzwerk eindringen und wichtige Daten verschlüsseln. Jeder Tag Arbeitsausfall kostet mitunter Millionen. Die Firma erwirbt also Kryptomünzen bei einem legalen Verkäufer und schickt das Digitalgeld an eine anonyme Adresse. Genauso können geheime Verträge als Zahlungsmittel dienen: über die Inanspruchnahme von Beratungsdienstleistungen, regelmäßige Abnahme von Waren, überflüssige Versicherungen oder Mitbestimmungsrechte im Unternehmen.

Die Nachfrage nach Rauschgift bliebe in einer repressiven Welt ohne Bargeld bestehen. Menschen flüchten sich ja nicht in eine Ersatzbefriedigung, weil es Bargeld gibt, sondern weil sie nicht die Kraft besitzen, das Gute, das in ihnen liegt, ins Leben zu tragen. Also werden sich die Drogenkartelle den neuen Anforderungen entsprechend professionalisieren und breiter aufstellen. Der Dealer verzichtet auf die gefährliche Übergabe. Stattdessen muss der Kunde auf einer internationalen Handelsplattform zu Mondpreisen einkaufen: modische Elektronikprodukte, KI-generierte E-Books oder teure Sprachkurse mit billigen Trainern. Zahlungsweg: *PayPal*. Neben der offiziellen Lieferung erfährt der Käufer, in welchem Busch er die Ware

findet. Der Dealer selbst, besser gesagt der Vermittler,
bezieht sein Gehalt als selbstständiger Programmierer für ein vermeintliches IT-Unternehmen. Natürlich wäre auf der untersten Vertriebsebene ebenso Tauschhandel mit Bedarfsartikeln denkbar.

Wir sehen: Kriminalität verlagert sich allenfalls ins Digitale, und physische Spuren verschwinden. Vor diesem Hintergrund verwundert es kaum, was der Chef einer nationalen Geldwäscheermittlungsbehörde unter der Vertraulichkeitsregel auf einem Kongress sagte: »Wenn es kein Bargeld gäbe, gäbe es nicht weniger verdächtige Aktivitäten, aber wir würden viel weniger davon aufdecken.«

Wenn nach dem Terrorismus auch die Geldwäsche ausgedient hat, heißt es dann Steuerbetrug. Besonders Italien und Griechenland insistieren an dieser Stelle – zwei Länder, in denen sich ein niedriges Vertrauen in den Staat in geringer Steuerehrlichkeit widerspiegelt.[126] Repressive Maßnahmen gegen Bargeld dürften das zerrüttete Verhältnis schwerlich heilen. In unserer Gesellschaft können nur wenige Bürger ernsthaft Steuern hinterziehen: Die meisten gehen einer abhängigen Beschäftigung in Vollzeit nach. In den Läden, von den kleinsten abgesehen, stehen elektronische Registrierkassen mit Schutz gegen nachträgliche Manipulation.

Mit Bargeld haben wir unsere Ausgaben besser im Griff, Kinder lernen den Umgang mit Geld, Sehbehinderte ertasten anhand der Riffelung von Banknoten, wie viel sie an den Verkäufer bezahlen: Sollte man wirklich das Bargeld abschaffen und 90 Prozent der Bevölkerung strafen für etwas, was 10 Prozent möglicherweise tun?

126 Zum Thema Vertrauen: Institut der deutschen Wirtschaft, »Vertrauen in Wirtschaft, Staat, Gesellschaft 2020«, Köln 2020. Zum Umfang der Schattenwirtschaft: Friedrich Schneider et al., »Shadow Economy: Estimation Methods, Problems, Results and Open questions«, 2017, DOI: 10.1515/openec-2017-0001

 Arme Menschen arbeiten in kleinen bargeldintensiven Betrieben öfter schwarz. Das könnte sich reduzieren. Doch im Ergebnis werden sie nicht reicher, im Gegenteil. Multinationalen Konzernen stehen dann mehr Arbeiter im Billiglohnsegment zur Verfügung. Die Steuermoral dieser Unternehmen ist hinreichend bekannt. Sie leiten Profite legal in Steueroasen um. Sie verbuchen enorme Markenlizenzgebühren auf der Ausgabenseite, machen selbst Verluste, während eine Konzerntochter das Geld in einem Niedrigsteuerland einsammelt.[127]

Die Deutsche Bank schreibt in einer Publikation: »Bargeld kann aufgrund der Anonymität Steuerhinterziehung leichter machen, insbesondere für jene, die es sich nicht leisten können, ihr Vermögen in nichtregistrierte Vermögenswerte oder komplexe rechtliche Strukturen zu stecken.«[128] Hinsichtlich ihrer Gesinnung unterscheiden sich mittelgroße Steuerbetrüger von steuervermeidenden Konzernen wahrscheinlich wenig. Im Kontrast jedoch handeln die Riesen legal. Sie verfügen über die besten Informationen, sie machen Lobbyarbeit. Der Profitgeier finanziert Forschungsprojekte an Universitäten im eigenen Interesse, spendet an Parteien und zivilgesellschaftliche Organisationen. Rat holen Konzerne bei Unternehmensberatungen wie *McKinsey* ein, die ihre Dienste genauso der Politik anbieten und ihre Expertise gern auf ehemalige Regierungsbeamte stützen.[129] Der Staat schaut, dass die Wirtschaft funktioniert. Wenn das Spiel in die falsche Richtung läuft, fallen die Aktienkurse. Dann drohen

127 Ein Lizenzgebühren-Beispiel: *Frankfurter Rundschau*, 17. Januar 2019, https://www.fr.de/wirtschaft/starbucks-sich-rechnet-11288734.html

128 Heike Mai, »Bargeld, Freiheit und Verbrechen«, Deutsche Bank, Frankfurt/M, 2017, S. 18

129 Dazu *Spiegel*, 13. September 2016, https://www.spiegel.de/politik/deutschland/ursula-von-der-leyens-ruestungsberater-geht-zu-mckinsey-a-1112078.html;
Cicero, 27. Juni 2024, https://www.capital.de/wirtschaft-politik/berateraffaere-im-innenministerium–nichts-gelernt–34831462.html;
New York Times, 13. April 2022, https://www.nytimes.com/2022/04/13/business/mckinsey-purdue-fda-records.html

Konzerne damit, Arbeitsplätze abzubauen und im Ausland zu investieren.

Es gibt keine Zahlen, wie viel Steuern der Staatskasse schon heute auf digitalem Weg entgehen. Die EU-Kommission schrieb 2018, dass »Steuerbetrug in signifikantem Umfang über bargeldlose Transaktionen« erfolge, »wobei komplexe Rechtsstrukturen und oft multinationale Vorgänge genutzt« würden.[130]

Die Politik vergeudet ihre Zeit in einem aussichtslosen Krieg gegen das Verbrechen. Über den Nährboden kriminellen Handelns redet nahezu niemand. Der Staat muss sich den Ursachen widmen. Er sollte ein Lebensumfeld fördern, in dem glückliche, stabile Familien entstehen. Stadtbezirke in Gemeinschaften zu verwandeln helfen, damit mehr Menschen konstruktiv zusammenwirken und Integration stattfindet. Gärten in Metropolen schaffen Raum für kreative Betätigung und senken den psychischen Stresslevel. Mütter und Väter sollten vor Sorgen und finanzieller Not geschützt sein, denn was ein Mensch in jüngsten Jahren spürt und erlebt, prägt ihn am stärksten. Dunkle Gefängniszellen bringen keine Heiligen hervor: Nicht die Strafe, sondern die menschliche Entwicklung gehört in den Vordergrund. Die Abgabenlast ist für Geringverdiener untragbar. Der Bürger braucht ein stabileres Fundament für seine Zukunft. Dazu sollte der Staat ein Recht auf ein eigenes Zuhause anerkennen und die Weichen stellen, damit Menschen nicht mehr überwiegend zu hohen Mieten oder auf Kredit leben.

Man mag meinen, die öffentliche Hand hätte in einer Welt ohne Scheine und Münzen mehr Geld in der Kasse. Doch wenn die Politik heute wenig tut, eine Lebensumwelt zu fördern, in der geistig und seelisch gesunde Menschen heranwachsen, braucht man nicht zu erwarten, dass sie

130 EU-Kommission, 12. Juni 2018, COM(2018) 483 final

 es morgen täte. Der Sinn von Steuern ist die Finanzierung lebensförderlicher Gemeinschaftsprojekte. Darauf sollte auch die Aufmerksamkeit liegen anstatt auf dem Ziel, möglichst viel Steuern einzunehmen.

Mit Repressionen und einem Barzahlverbot baut der Staat seine Machtposition gegenüber dem unbescholtenen Bürger aus, nicht gegenüber Verbrechern. Man schränkt die Freiheit normaler Menschen ein, nicht die von Kriminellen. Leute mit niederträchtigen Absichten finden einen Ort, an dem sie sich ausleben können, und sei es im Staatsapparat. Das Gute braucht Freiheit. In einer Welt unüberwindbarer Hürden kann der Mensch kaum seine Träume zum Wohle aller ins Leben bringen. Er leidet psychisch. Dunkle Wolken stehen über der Gesellschaft.

Wir hätten noch die Wahl, alle Bürger einzeln unter Überwachung zu stellen, um die Kriminalität auszuschalten. Doch gemessen an den Menschenrechten und den Verfassungen westlicher Länder wäre genau das kriminell. Der Teufel würde sich ins Fäustchen lachen, dass ihm der Streich gelungen ist, die Fäden der Macht an einem Punkt zusammenlaufen zu lassen. Während die Spezialdienste im Spezialdienst verzweifelt schwarze Schafe in den Behörden jagen, übernimmt er unbemerkt das Ruder in der obersten Schaltzentrale.

»Die Fakten: Bargeld ist in der Europäischen Union durch das Verfassungsrecht geschützt. Würde man Bargeld als Zahlungsmittel abschaffen wollen, müssten alle 27 Mitgliedstaaten zustimmen.«[131]

Bayerischer Rundfunk, Faktencheck

Bargeld ist geschützt, heißt es in den Medien. Doch vor was eigentlich? Bargeld schenkt uns einen Nutzen, weil es als Zahlungssystem funktioniert. Welchen Wert besäßen Banknoten, wenn wir sie erst auf der Bank einzahlen müssten, Fragen von genervten Mitarbeitern zu beantworten hätten – Sie wissen schon, Geldwäsche – und erst dann ein paar Lebensmittel bekommen könnten?

Ob Bargeld tatsächlich rechtlichen Schutz besitzt, das zeigt sich erst, wenn man den gesamten Geldkreislauf abklopft: Der Staat stellt den Banken Scheine und Münzen bereit. Die Banken betreiben Filialen und Geldautomaten. Bürger und Unternehmen besitzen das Recht, Bargeld als Tauschmittel zu verwenden. Läden akzeptieren Banknoten an der Kasse. Der Händler bringt seine Einnahmen auf die Bank.

Nun der Reihe nach: Wie solide ist das Bargeld-Fundament? Bundesbank-Vorstandsmitglied Burkhard Balz sagte 2021: »Bargeld wird nicht verschwinden. Die Bundesbank wird Banknoten zur Verfügung stellen, solange die Bürgerinnen und Bürger in Deutschland es wünschen.«[132] Die Bundesbank braucht dazu allerdings die Genehmigung

131 *BR24*, 22. September 2023, Minute 0:47, www.br.de/nachrichten/wirtschaft/wie-eine-angebliche-bargeldabschaffung-aengste-schueren-soll,Tnk5Nj8

132 Interview mit *Rheinische Post*, 10. November 2021, https://web.archive.org/web/20211110181349/www.bundesbank.de/de/presse/interviews/-bargeld-ist-gepraegte-freiheit--879792

 der Europäischen Zentralbank. Ist die EZB verpflichtet, grünes Licht zu geben, gemessen am EU-Verfassungsrecht? Artikel 128 des Vertrags über die Arbeitsweise der EU (AEUV) spricht vom Recht, nicht von der Pflicht, Banknoten zu genehmigen. Was sagt die Bundesbank? Ob sich aus dem »Wortlaut über die Berechtigung auch eine dazu korrespondierende Ausgabeverpflichtung ergibt und wie weit diese gegebenenfalls reicht, ist nach unserer Kenntnis nicht geklärt«, heißt es auf Anfrage. Ein deutscher Rechtswissenschaftler bestritt, dass aus Artikel 128 eine Pflicht für die EZB erwächst.[133] Umgekehrt argumentierte ein Professor der Freien Universität Brüssel auf einem Kongress der Zentralbank, dass aus Artikel 128 auch ein Auftrag an die EU-Institutionen hervorgehe, das Recht der Bürger zu schützen, eine Zahlungsverpflichtung immer mit dem gesetzlichen Zahlungsmittel Euro-Banknoten erfüllen zu können.[134]

Ganz gleich, wohin die Debatte führt – es gibt noch andere Hürden in diesem Zusammenhang: Der Staat hat die Grundrechte zu schützen. Wenn der Europäische Gerichtshof das Datenschutzniveau bei Kartenzahlungen missbilligt, kann er die Bargeldabschaffung stoppen.[135] Der Deutsche Sparkassen- und Giroverband sieht außerdem einen Anspruch der Banken auf Bargeldauszahlung gegenüber der Bundesbank. Denn die privaten Kreditinstitute und die Sparkassen besitzen gezwungenermaßen alle ein Konto bei der nationalen Notenbank. Einen Teil des Guthabens können sie sich auszahlen lassen. Den gewünschten Betrag erstattet die Bundesbank im gesetzlichen Zahlungsmittel, dem Bargeld. So kommen Banknoten in den Umlauf.

133 Zitiert nach: Ralph Hirdina, »Die gesetzliche Einschränkung von Bargeldzahlungen und die Abschaffung von Bargeld auf dem rechtlichen Prüfstand«, Weiden 2016, S. 5

134 Julio Baquero Cruz, »Is there a right to euro cash?«, in: »ESCB Legal Conference 2024«, S. 130, DOI: 10.2866/8704686

135 Siehe Ralph Hirdina, S. 14

Wenn der Staat also den Schlussstrich ziehen wollte, bräuchte er mindestens einen Ersatz für den guten alten Geldschein: Bundesbank und EZB verfügen aber derzeit über kein Pendant zu Bargeld. Die Vorbereitungen für einen digitalen Euro, das erste staatliche elektronische Zahlungsmittel, laufen allerdings auf Hochtouren.

Denkbar wäre das Argument, Banknoten bräuchten keinen greifbaren Körper. Der Austausch von gedruckten Scheinen durch eine digitale Banknotenserie in Bits und Bytes könnte jedoch zwingend die Zustimmung aller 27 Mitgliedstaaten erfordern. Denn laut Artikel 16 EZB-Satzung hat die Zentralbank bei »der Gestaltung von Banknoten« so weit »wie möglich die Gepflogenheiten« zu berücksichtigen. Eine gewohnt gute Optik setzt natürlich eine materielle Verkörperung voraus. Die EZB-Satzung ist Teil der EU-Verträge. Änderungen müssen die Vertragsparteien, also die EU-Länder, einstimmig beschließen.

Wenn die Banken Bargeld bekommen, muss das gute Geld noch zum Bürger. Ob und wie viele Automaten und Zweigstellen die Kreditinstitute unterhalten, da macht der deutsche Gesetzgeber keine Vorgaben. Lediglich die Sparkassen besitzen einen Versorgungsauftrag mit »kreditwirtschaftlichen Leistungen«. Sie entscheiden jedoch selbst über die Anzahl der Automaten. Die Privatbanken können den Geldhahn sogar ganz zudrehen. Der Ausschluss der Barauszahlung müsste dann im Girokontovertrag stehen, wie ich von einem Universitätsprofessor und einer Fachanwältin für Bankrecht erfahren habe.[136] Und was passiert bei Kontoauflösung? Wenn die Allgemeinen Geschäftsbedingungen (AGB) der Bank in diesem Fall nur eine Überweisung des Restguthabens auf ein anderes Konto vorsehen, hat der Kunde keine Wahl.

136 Siehe *Multipolar*, 17. März 2025, https://multipolar-magazin.de/artikel/digitaler-euro-bargeld

Ist der Bürger an sein (Bar)geld gekommen, steht er anderntags vor einem Laden und blickt auf ein freundliches Schild: »Nur Kartenzahlung.« Anders als in Belgien, Frankreich und Norwegen bleibt das in Deutschland, Österreich und der Schweiz ohne Strafe. Auf EU-Ebene besagt zwar Artikel 128 AEU-Vertrag, dass Banknoten gesetzliches Zahlungsmittel sind. Damit geht die Annahmepflicht einher und das Recht, eine Zahlungsverpflichtung mit Geldscheinen zu erfüllen. Doch weil keine Strafe existiert, argumentieren Juristen, handle es sich schwerlich um eine zwingende Vorschrift. Stattdessen hätten Verbraucher und Händler als Vertragspartner auf Augenhöhe die Freiheit, ein abweichendes Zahlungsmittel zu vereinbaren. Das schließe die Möglichkeit für die Unternehmen ein, in ihren AGB Bargeld generell auszuschließen.

Auf europäischer Ebene allerdings gibt es Stimmen, wonach das höherrangige EU-Recht die national verankerte »Vertragsfreiheit« verdrängt. Trotzdem, ohne Sanktionen und Kontrollen wie in Frankreich wird der Bürger wenig Mittel an der Hand haben, sobald die Wirtschaft entscheidet, das Bargeld abzuschaffen.

Zu guter Letzt darf es kein Verbot für Barzahlungen geben, damit der Bargeldkreislauf funktioniert. Wenn die Europäische Zentralbank ihre großen Banknoten, den 100er, 200er und 500er, zurückruft, könnte es in Europa immer niedrigere Bargeldobergrenzen geben, zum Beispiel 150 Euro. Damit griffe der Staat gleich in mehrere Grundrechte ein: in Deutschland in die Teilhabe am gesellschaftlichen Leben, die Eigentumsgarantie, die Vertrags- und Berufsfreiheit sowie wegen fehlender Privatsphäre bei digitalen Zahlungen in das Recht auf informationelle Selbstbestimmung. Wie Hans-Jürgen Papier, ehemaliger Präsident des Bundesverfassungsgerichts, darlegte, dürfte ein solcher Eingriff gemessen an der deutschen Verfassung wie an der EU-Grundrechtecharta nicht allzu leicht zu rechtfertigen sein.[137] Ein totales Bargeldverbot, da haben Medien wie der *Bayerische Rundfunk* sicher recht, erfordert die Zustimmung aller 27 Mitgliedstaaten.

137 Hans-Jürgen Papier, »Gesetzliche Begrenzungen von Bargeldzahlungen – verfassungsrechtlich zulässig?«, Vortrag auf dem Bargeldsymposium der Deutschen Bundesbank 2016

> ***»Wehret den Anfängen, kann ich da nur sagen. Es kann nicht sein, dass Geschäfte, Apotheken oder Kinos auf komplette Kartenzahlung umstellen, nur weil es für sie in der Abrechnung einfacher ist.«***[138]
>
> Robert Holzmann, Gouverneur der Nationalbank von Österreich, 2023

»Es scheint besser zu sein, wenn die Ablösung des Bargelds von der Privatwirtschaft und nicht vom Staat vorangetrieben wird«, schrieb 2017 Alexei Kireyev, leitender Ökonom beim Internationalen Währungsfonds (IWF).[139] »Ersteres wirkt nahezu unbedenklich, erfordert aber dennoch politische Anpassungen. Letzteres erscheint fragwürdiger, und die Leute könnten berechtigte Einwände dagegen haben.« Kireyev weiter: »In jedem Falle sollte der verlockende Versuch vermieden werden, die Ablösung des Bargelds per Dekret zu erzwingen, da viele Menschen zu Bargeld eine emotionale Bindung haben. Ein gezieltes Aufklärungsprogramm ist erforderlich, um Misstrauen gegenüber der Ablösung des Bargelds zu zerstreuen – insbesondere die Befürchtung, dass die Behörden versuchen könnten, alle Aspekte des Lebens zu kontrollieren.«

In dem IWF-Arbeitspapier analysierte der Ökonom Wege, Bargeld »schrittweise« aus der Welt zu schaffen. Er schlug unter anderem »wirtschaftliche Anreize zur Verringerung der Bargeldnutzung« vor. Kireyev arbeitete zuvor bereits für die Weltbank und Michail Gorbatschow. Auf einigen Fotos sieht man ihn mit der damaligen

138 *Krone*, 14. August 2023, www.krone.at/3085871

139 Alexei Kireyev, »The Macroeconomics of De-Cashing« (wörtlich: die Makroökonomie der Entbargeldung), WP/17/71, IWF, 27. März 2017, Absätze 52–53

IWF-Präsidentin Christine Lagarde.[140] Mehr als 90 Staaten haben Schulden beim Internationalen Währungsfonds. Geld gibt es dort stets unter wirtschaftspolitischen Auflagen: Die Entwicklungsländer müssen den Markt für ausländische Investitionen, für die Konzerne öffnen oder Staatsbetriebe privatisieren.

Der seinerzeitige EU-Digitalkommissar Günther Oettinger, unter seinesgleichen Spitzenreiter bei Gesprächsterminen mit Wirtschaftsvertretern,[141] schlug schon 2016 in diese Kerbe. Auf einer Veranstaltung der Wirtschaftsprüfungsgesellschaft *Deloitte* appellierte er: »Haltet am Bargeld fest – der Markt macht es.«[142] Anstatt regulatorisch einzugreifen und den 500-Euro-Schein abzuschaffen, solle man die Sache der Wirtschaft und der sinkenden Nachfrage überlassen. Das Ende der Barzahlungen werde kommen, so Oettinger.

Inzwischen befindet sich das Bargeld tatsächlich im freien Fall. Ein Vertreter des Handelsverbands Deutschland sagte in meiner Anwesenheit auf einer Fachtagung Anfang 2025, er beobachte in der Branche »abnehmende Hemmungen, darüber nachzudenken«, Bargeld als Zahlungsart »gar nicht mehr anzubieten«, wenn die »Nachfrage sinkt«.

Wo liegt das Problem? Zwischen 2017 und 2023 verschwand jede dritte Bankfiliale in Deutschland.[143] Insbesondere kleinere Händler besorgen am Schalter Wechselgeld und lassen dort ihre Einnahmen zurück. Es sei kein Standard, beklagte der Vertreter, dass Banken die Lücken durch Einzahlautomaten schließen. Der

140 Etwa unter http://www.alexeikireyev.com/content/imf-managing-director-christine-lagarde-0

141 Dazu www.lobbycontrol.de/lobbyismus-in-der-eu/eu-ranking-wichtige-kommissare-auf-kuschelkurs-mit-konzernen-28635/

142 *Focus*, 10. April 2016, www.focus.de/finanzen/banken/mit-dem-smartphone-bezahlen-eu-digitalkommissar-oettinger-sieht-das-ende-des-bargelds-kommen_id_5424258.html

143 Eine Bankstellenstatistik ist verfügbar auf der Internetseite der Deutschen Bundesbank

 Hauptgeschäftsführer des Verbands, Stefan Genth, warnte bereits 2024, der Bargeldkreislauf drohe zusammenzubrechen, wenn sich das Filialsterben fortsetze.[144]

Die großen Handelsketten nutzen die Dienste von Geldtransportunternehmen, anstatt einen Mitarbeiter mit den Einnahmen auf die Bank zu schicken. Sie zahlen pro Anfahrt. Wenn also weniger Menschen mit Bargeld einkaufen, bleiben die Gesamtkosten ähnlich. Zahlt nur ein kleiner Teil der Kundschaft mit Scheinen und Münzen, erscheint Bargeld teuer. Betriebswirtschaftlich mag es dann verlocken, nur noch Karten zu akzeptieren.

Die erste bargeldlose Handelskette in Deutschland, der *Apple*-Händler *Gravis*, meldete 2024, ein Jahr nach der Umstellung, Insolvenz an und machte dicht. Doch die Einzelfälle häufen sich: Es sind Cafés, Restaurants und Hotels. Sogar eine kleine Handvoll Bäckereien findet sich darunter. Ein Hamburger Gastronom schaffte das Bargeld ab, um dem Finanzamt gegenüber nicht länger seine Unschuld beweisen zu müssen.[145]

Was dem Bürger schadet, bewarb *Visa* gegenüber Unternehmen als Vorteil: Konsumenten in den USA, steht auf einer Infografik, würden in einer Pizzeria mit Karte 25 Prozent mehr ausgeben, in einem Familienrestaurant 40 Prozent.[146] 2017 lobte *Visa* insgesamt 500.000 Dollar für 50 Gastronomiebetreiber in Amerika aus.[147] Die Bewerber mussten vor der Kamera erklären, wie ein Ausstieg aus dem Bargeld ihrem Unternehmen zugutekommen könnte.

144 HDE, 23. Oktober 2024, https://einzelhandel.de/presse/aktuellemeldungen/14650-aktuelle-umfrage-barzahlung-und-bargeldabhebung-im-einzelhandel-beliebt-hde-fordert-staerkung-des-bargeldkreislaufs

145 *Focus*, 13. Juli 2023, www.focus.de/regional/hamburg/gastronomen-wollen-kein-bargeld-mehr-doch-das-birgt-risiken-und-probleme_id_198979401.html

146 https://usa.visa.com/dam/VCOM/global/about-visa/documents/cashless-infographic.pdf. Kopie im Webarchiv [abgerufen 24. September 2021]

147 https://usa.visa.com/about-visa/cashless.html. Kopie im Webarchiv [abgerufen 12. September 2017]

In Deutschland lockt eine Interessengruppe um *Visa* und *Mastercard* seit 2025 die letzten Händler ohne Kartengerät ins System: In Zusammenarbeit mit Banken und Zahlungsdienstleistern kommen kleine Unternehmen ein Jahr lang kostenlos in den Genuss des Kartenangebots für die Ladenkasse. Die Gruppe verspricht ihnen eine zahlungswillige Kundschaft und, ganz wörtlich, (vermehrte) »Spontaneinkäufe«.[148]

Einige Sparkassen belohnen ihre Kunden für den Einkauf mit der roten Girocard: Bei ausgewählten Läden winkt ein Bonus. Teilweise erhalten Kartenzahler fünf Prozent des Warenkorbwertes aufs Konto zurückerstattet. Bürger beklagen derweil den Abbau von Geldautomaten. Insbesondere auf dem Land entstehen Lücken.

Nicht nur die Privatwirtschaft, auch staatliche Betriebe schaffen das Bargeld ab: In Rostock und Dresden akzeptieren viele Automaten im öffentlichen Nahverkehr nur noch Karte. Düsseldorf und Dortmund wollen Banknoten und Münzen bis 2027 beseitigen. In Chemnitz blieb ein Kind auf der Straße stehen, weil beim Busfahrer nur noch Kartenzahlung möglich war. Wie der MDR berichtete, riet die Verkehrsgesellschaft dem Vater daraufhin zu einer »Mastercard für Kinder«. Der Jahrespreis von 36 Euro bei der örtlichen Sparkasse sei unerwähnt geblieben.[149]

Zunehmend schließen Ämter ihre Kassen, wie eine Befragung der Bundesbank zeigt. 2023 sah sich der Bürger bei Behördenangelegenheiten in 50 Prozent der Fälle genötigt, digital zu bezahlen. Zwei Jahre zuvor waren es 37 Prozent.[150]

148 www.deutschland-zahlt-digital.de [abgerufen 31. März 2025]

149 *MDR*, 13. Januar 2023, www.mdr.de/nachrichten/sachsen/dresden/nahverkehr-vvo-fahrscheine-automaten-geld-bezahlen-bargeldlos-100.html [abgerufen 4. September 2024]

150 Deutsche Bundesbank, »Zahlungsverhalten in Deutschland 2023«, Frankfurt/M. 2024, S. 31

Was geschieht im Ausland? In Schweden lag die Bargeld-Akzeptanz durch Gebrauchsgüterhändler 2022 nur noch bei 83 Prozent.[151] In den Niederlanden lehnen mittlerweile fast vier von zehn Kinos Bargeld ab. In 21 Prozent der Apotheken und auf 21 Prozent der Parkplätze konnte zuletzt nur digital bezahlt werden.[152] In beiden Ländern nutzt ein weitaus geringerer Teil der Menschen Scheine und Münzen als Zahlungsmittel als in Deutschland.

Inzwischen hat das niederländische Abgeordnetenhaus beschlossen, die Pflicht zur Akzeptanz von Bargeld im Gesetz zu verankern. Sollte sich die deutsche Politik da nicht ein Beispiel nehmen und vorausschauend handeln? Die Wahlprogramme der klassischen Regierungsparteien zur Bundestagswahl 2025 gaben wenig Konkretes her. Die »Grünen« wollten die »hohen Kosten des Zahlungsverkehrs« für Unternehmen senken. Als Problembeispiel führte die Partei aber nicht das Bankfilialsterben, sondern Kreditkartengebühren an. Die SPD versprach, »Umsatzsteuerbetrug vor allem in bargeldintensiven Branchen weiter zurückzudrängen«. Bei CDU und CSU hieß es zumindest, jeder solle selbst entscheiden können, wie er bei »Geschäften des Alltags« bezahle.

Alle drei Parteien stimmten erst 2021 für eine Gesetzesänderung im Linienverkehr. Seither muss explizit kein Ticketverkauf an der Haltestelle oder im Fahrzeug gegen Bargeld stattfinden.[153] Eine Umfrage vor der Bundestagswahl zeigte, dass relativ viele Kleinparteien die Akzeptanz von Bargeld im Nah- und Fernverkehr befürworten,[154] was in etwa die Stimmung in der Bevölkerung wiedergibt.

151 Handelsverband Svensk Handel, 1. Juli 2022, www.svenskhandel.se/nyheter/pressmeddelande/9-av-10-svenska-handlare-tar-fortsatt-emot-kontanter-som-betalmedel

152 Nationalbank DNB, 12. Mai 2025, https://www.dnb.nl/algemeen-nieuws/nieuws-2025/iets-minder-winkels-accepteren-cash/

153 Mehr zum Gesetz in Bundestagsdrucksache 19/27288 (Paragraf 5a)

154 Siehe https://bargeldverbot.info/2025/02/11/parteienvergleich/

In Berlin lehnte eine klare Mehrheit der Befragten die Abschaffung des Bargelds in den Bussen ab.[155]

Im Juni 2024 forderten die Verbraucherschutzminister der Bundesländer die Regierung auf, für die »Nutzungsmöglichkeit von Bargeld als Zahlungsmittel einzutreten«.[156] Der hessische Vertreter im Gremium unterstrich diese Forderung in einer Presseerklärung.[157] Wenn es um den eigenen Laden geht, scheint man aber seine Schwierigkeiten zu haben: Weiterhin schaffen Landkreise und Gemeinden in Hessen das einzige staatliche Zahlungsmittel Bargeld ab. Die Kommunen werden vom Land sogar gedrängt, »auf den unbaren Zahlungsverkehr hinzuwirken«.[158]

155 Umfrage vom *Tagesspiegel*, 26. August 2024, www.tagesspiegel.de/berlin/barzahlen-in-bvg-bussen-mehrheit-der-berliner-ist-gegen-geplante-abschaffung-12253610.html

156 Presseprotokoll der 20. Verbraucherschutzministerkonferenz, 14. Juni 2024, S. 46

157 14. Juni 2024, https://hessen.de/presse/land-macht-sich-auf-der-verbraucherschutzkonferenz-fuer-den-erhalt-des-bargelds-stark

158 Mehr zur Gemeindekassenverordnung bei Norbert Häring, 9. März 2025, https://norberthaering.de/bargeld-widerstand/marburg-biedenkopf/

Entmaterialisierung des Bargelds

> ***»Aber wir machen uns Gedanken über Bargeld, weil ich denke, das sollte entmaterialisiert werden. Die Welt verfügt über genügend robuste Technologie. Und ich glaube, dass Regierungen daran interessiert wären.«*** [159]
>
> John Cryan, Vorstandsvorsitzender Deutsche Bank (2015–2018)

Scheine und Münzen sind das einzige staatliche Zahlungsmittel für jedermann. Die Pläne für eine digitale Variante von Bargeld kennt auch heute kaum jemand. Schon gar nicht damals am 20. Januar 2016, als der seinerzeitige Chef der Deutschen Bank öffentlich auf dem Weltwirtschaftsforum in Davos die Entmaterialisierung des Bargelds forderte. An demselben Tag kündigte die Zentralbank von China die Einführung einer elektronischen staatlichen Währung an.[160] Notenbankchef Zhou Xiaochuan erklärte in einem Interview, die Digitalwährung werde »eine ganze Weile neben dem Bargeld existieren, bevor sie es endgültig ersetzt«.[161]

Rund um den Globus begannen Zentralbanken, an elektronischem staatlichem Geld zu arbeiten. Im Jahr 2020 rückte das Thema in Europa in den Fokus: Die EZB unter der neuen Führung von Christine Lagarde nahm den Trend zum elektronischen Bezahlen wahr und sprang auf den Zug auf. Wie ich einen Bundesbank-Vertreter im Januar 2025 auf einer Fachtagung sagen hörte,

159 World Economic Forum, 20. Januar 2016, Minute 16:50, https://youtu.be/JwkC8WaN5T4
160 Volksbank von China, 20. Januar 2016, http://www.pbc.gov.cn/goutongjiaoliu/113456/113469/3008070/index.html
161 Volksbank von China, 14. Februar 2016, http://www.pbc.gov.cn/english/130721/3017134/index.html

wolle man das Bargeld »wirklich digitalisieren«, denn viele Leute würden analoges Geld inzwischen gar nicht mehr nutzen. Ihnen müsse man einen elektronischen Zwilling zu Bargeld bereitstellen. Bereits 2023 legte die EU-Kommission den Verordnungsvorschlag für einen digitalen Euro vor.[162]

Schauen wir einmal, wie man sich das in Brüssel vorstellt: E-Euros bekommt der Bürger bei seiner Hausbank, allerdings nicht auf einem Datenträger. Er muss um Eröffnung eines kostenlosen Schließfachs für E-Euros bitten. Dieses virtuelle Schließfach befindet sich immer unter der Kontrolle der Bank, denn es existiert auf deren Computer. Im Falle einer Bankinsolvenz bleiben die E-Euros erhalten. Anders liegen die Dinge bei normalem Kontoguthaben, denn hier geben wir der Bank einen Kredit, den sie zurückzahlen muss, solange sie dazu in der Lage ist.

Mit Smartphone oder Computer hat der Bürger Zugriff auf seine E-Euros, um im Internet oder an der Ladenkasse zu bezahlen. Jedes Unternehmen muss den digitalen Euro akzeptieren – mit Ausnahme von kleinen Firmen, die gar keine digitalen Zahlungsmittel annehmen und zugleich weniger als zehn Mitarbeiter beschäftigen und unter zwei Millionen Euro Umsatz im Jahr erwirtschaften.

Eine Handvoll E-Euros darf der Bürger aus dem Schließfach herunterladen und auf dem eigenen Handy speichern. So wären in der direkten Begegnung mit anderen Menschen Zahlungen von Smartphone zu Smartphone selbst bei Ausfall der Netze möglich – unsichtbar vor den Augen aller, die nicht wissen, wie man sich in ein Smartphone einhackt. Der EZB-Vorstand Fabio Panetta sprach von einem Höchstbetrag von 50 Euro für solche anonymen Transaktionen.[163] Die nachträgliche Aufklärung dürfte

162 Aktenzeichen COM(2023) 369 final, 28. Juni 2023

163 Konferenz »Towards a legislative framework enabling a digital euro for citizens and businesses«, 7. November 2022, gegen 10:37 Uhr. [Mitschnitt nicht mehr online verfügbar]

 jedoch immer möglich bleiben, zum Beispiel nach Beschlagnahmung oder Diebstahl des Handys.

Privatleute nutzen den digitalen Euro kostenfrei. Bei Unternehmensgesellschaften und anderen Organisationen aber kann die Finanzwirtschaft, anders als beim Bargeld, die Hand aufhalten: Das Schließfach kostet Geld, und bei Zahlungen an der Ladenkasse fließen Gebühren an die Bank des Kunden, aber auch an den Dienstleister, der das Ganze technisch abwickelt. Die EZB begrenzt diese Zahlungsgebühren. Im Endeffekt würde der E-Euro für Händler ein vergleichsweise günstiges Angebot sein.

Der E-Euro erster Generation kommt also mit einem Gebührendeckel. Das verhindert Wucher, aber nur seitens der Privatwirtschaft. Die Slowakei zum Beispiel führt gerade eine Finanztransaktionssteuer ein. Jedes Mal wenn ein Unternehmer eine Banküberweisung tätigt, fallen 0,4 Prozent Steuern an. Beim Bargeldabheben vom Firmenkonto sogar 0,8 Prozent.[164] Es ist leicht auszumalen, dass man solch eine Regel auf Verbraucher ausdehnt. Wenn das Bargeld keine große Rolle mehr spielt, lassen sich Steuern auf Knopfdruck durchsetzen. Es gibt immer einen Grund, Sonderschulden zu machen. Irgendjemand muss das nur zurückzahlen.

Sollten viele Bürger den E-Euro nutzen, geraten Banken und andere Zahlungsanbieter unter Preisdruck. Sie wollen schließlich verhindern, dass Händler die Akzeptanz von Kartenzahlungen zugunsten des digitalen Euros aufgeben. Wenn dann die Preise für elektronisches Bezahlen sinken, wird das gute alte Bargeld nicht günstiger. Somit steigt der Anreiz für Unternehmen, Barzahlern die Kasse zu schließen.

164 Siehe Erläuterung des Finanzministeriums unter www.financnasprava.sk/sk/aktualne-dan-clo/faq/dan-financne-transakcie

Die kleinen, regional verwurzelten Volksbanken und
Sparkassen sehen den digitalen Euro kritisch. Sie besitzen weniger Einfluss auf die Geldpolitik als die großen Banken, deren Vertreter EZB-Vorstände mit Vornamen ansprechen. Man fürchtet, dass die Kunden zu viel Geld vom Konto herunternehmen und in E-Euros halten. Über die Größe der elektronischen Schließfächer bestimmt laut Verordnung die EZB: maximal 3000 E-Euros pro Bürger sind angedacht. Unternehmensgesellschaften dürfen voraussichtlich gar keine E-Euros darin aufbewahren, sagte mir ein Bundesbankmitarbeiter. Trotzdem können Zahlungen in beliebiger Höhe in der Digitalwährung erfolgen. Was im Schließfach fehlt oder seine Kapazität übersteigt, landet automatisch auf dem Bankkonto oder wird dort abgezogen.

Viele Menschen haben jedoch kaum mehr als 3000 Euro auf dem Konto, und so bleibt die Sorge bei den kleinen, finanzschwächeren Bankhäusern bestehen. Wenn sie unter Druck geraten, zu größeren Geldinstituten zu fusionieren, dürfte die regionale Bargeldinfrastruktur mit Automaten und Bankfilialen leiden.

Niedrige Obergrenzen für die analogen Barzahlungen wären nach Einführung des E-Euros leichter zu rechtfertigen. Einer der Generalanwälte am Europäischen Gerichtshof argumentierte 2020, dass Bargeld die Privatsphäre zwar besser schütze als andere Zahlungsmittel, aber im Allgemeinen nicht erforderlich sei, um dieses oder andere Grundrechte auszuüben.[165] Als unabdingbar sah er Bargeld dort, wo Menschen kein Konto besitzen. In der EU betrifft das gut zehn Millionen Bürger.[166] Der digitale Euro verspricht neben Anonymität bei Kleinbetragszahlungen auch die finanzielle Inklusion. Denn alle, die außerhalb

165 Aktenzeichen ECLI:EU:C:2020:756, 29.09.2020, Absatz 134f. und Anmerkung 73
166 WSBI/ESBG, 14. Juli 2022, www.wsbi-esbg.org/number-of-unbanked-adult-eu-citizens-more-than-halved-in-the-last-four-years/

 des Bankensystems stehen, dürfen auf Postämtern oder Behörden Zahlungen in E-Euros anweisen. Auch eine aufladbare Guthabenkarte stünde bereit.

Schaden würde der digitale Euro dem Bargeld zudem, wenn sich der Fokus in den Notenbanken schrittweise auf das neue Zahlungsmittel verlagert. In der Politik sind die Notenbanken bislang die stärkste Stimme für das Bargeld.

Der E-Euro käme in Begleitung einer Informationskampagne. Die EU will schließlich, dass ihr digitales Zahlungssystem genutzt wird. Doch wem macht der E-Euro Konkurrenz? In den Ländern ohne nationales Zahlungssystem sicher auch *Mastercard* und *Visa*. In Deutschland als Erstes der *Girocard*, dem Angebot der heimischen Banken. Weil die Marktmacht der amerikanischen Anbieter in Europa am größten ist, dürften sie sich insgesamt besser behaupten als die nationalen Systeme. Doch allerspätestens wenn Händler anfangen, Rabatte auf E-Euro-Zahlungen zu geben, um den Kunden zur Nutzung des für sie günstigsten Zahlungsmittels zu bewegen, dürfte auch das Bargeld Marktanteile an seinen neuen Konkurrenten verlieren.

Selbst in einem Fachmedium der EU-Kommission spekulieren Experten, dass »Netzwerkeffekte« Scheine und Münzen verdrängen könnten.[167] Auf Anfrage erläutert die Pressestelle in Brüssel, dass ein E-Euro theoretisch die Akzeptanz von Bargeld senkt und somit weniger Menschen bar zahlen oder umgekehrt eine sinkende Verwendung in geringerer Akzeptanz endet. Dem habe man aber vorgebeugt durch einen Rechtsakt zum Schutz von Bargeld.

167 EU-Kommission, »Quarterly Report on the Euro Area«, Ausgabe 20, Nr. 3 (2021), S. 40

Tatsächlich legte die EU-Kommission 2023 nicht nur eine Verordnung über den digitalen Euro vor.[168] Das überrascht wenig, denn eine allzu offensichtliche Vernachlässigung und Ungleichbehandlung des Bargelds würde sowohl die Unterstützung für den E-Euro gefährden als auch juristische Fragen aufwerfen. Der Gesetzesentwurf für das Bargeld umfasst unter anderem eine allgemeine Annahmepflicht für Münzen und Scheine, wie sie bereits aus den EU-Verträgen hervorgeht. Jedoch gilt eine Ausnahme, wenn Käufer und Verkäufer vor dem Kauf ein anderes Zahlungsmittel vereinbaren. Diese Hintertür findet sich ebenso in der E-Euro-Verordnung – dort allerdings versperrt durch Artikel 10. Und der besagt, dass von keiner Vereinbarung die Rede sein kann, wenn der Kunde mit digitalen Euros bezahlen will, das Geschäft E-Euros aber in den AGBs ausschließt oder E-Euro-Nutzer mit einem Schild an der Tür abweist. Diese Klarstellung fehlt im Gesetzesentwurf für das Bargeld. Während Läden, die den digitalen Euro ablehnen, eine Strafe kassieren, bleibt Bargeld dieser Schutz vorenthalten – solange die nationalen Gesetzgeber nicht aus freien Stücken tätig werden.

Allerdings soll eine Überwachung stattfinden: Wie viele Unternehmen lehnen Bargeld ab? Laut Verordnung bestimmt Brüssel die Messmethode. Ob dann zum Beispiel die Akzeptanz im öffentlichen Nahverkehr unberücksichtigt bleiben würde, liegt noch im Dunkeln. Die Pressestelle will bislang Näheres zum geplanten Vorgehen nicht mitteilen. Kommt eine Regierung jedenfalls zu dem Schluss, dass in ihrem Land allgemein keine »weitreichende Akzeptanz« mehr gegeben ist – was auch immer das bedeuten mag –, muss sie Gegenmaßnahmen ergreifen.

168 Aktenzeichen COM(2023) 364 final, 28. Juni 2023

Hier kommt das Gebot der Verhältnismäßigkeit ins Spiel: Laut dem hochrangigen EU-Beamten Martin Selmayr hieße das, ein kleiner Kiosk dürfte weiterhin Bargeld ablehnen – im Gegensatz zum großen Discounter.[169] Schon in der Verordnung deutet die Kommission an, dass ihr genügen könnte, wenn EU-Länder lediglich den systemrelevanten Sektor zwingend verpflichten: »Postämter, Supermärkte, Apotheken oder Gesundheitseinrichtungen.« Zu guter Letzt möchte sich Brüssel mit Artikel 6 die Befugnis einräumen lassen, zusätzliche Ausnahmen von der Annahmepflicht auf vereinfachtem Weg zu erlassen.

Keinen Platz in der Verordnung fanden der Zugang des Einzelhandels zu Wechselgeld und Möglichkeiten, die Einnahmen auf ein Konto einzuzahlen. Und während der digitale Euro über PC oder Smartphone auf einen Schlag den meisten Bürgern von zu Hause aus verfügbar wäre, sieht der Gesetzesentwurf lediglich »hinreichenden Zugang« zu Bargeld vor. Auch hier gilt das Gebot der Verhältnismäßigkeit. Wenn immer weniger Menschen mit Schein und Münze bezahlen, dürfte es unverhältnismäßig erscheinen, eine angemessene Bargeld-Infrastruktur aufrechtzuerhalten.

Insgesamt wirkt die Verordnung wie ein Freifahrtschein für die Wirtschaft, Bargeld im Gleichschritt mit den sich verändernden Zahlungspräferenzen der Bevölkerung aus dem gesellschaftlichen Leben zu verdrängen. Ex-Bundesbank-Vizepräsident Franz-Christoph Zeitler warnt, Bargeld drohe zu einem Zahlungsmittel »zweiter Klasse« gegenüber dem E-Euro zu werden.[170]

Die Finanzminister der EU-Länder und das EU-Parlament können den Gesetzesentwurf verbessern. Dafür

169 *Der Standard*, 16. August 2023, www.derstandard.de/story/3000000182964/was-die-eu-kommission-plant-um-bargeld-abzusichern

170 *Börsen-Zeitung*, 24. Februar 2025, www.boersen-zeitung.de/konjunktur-politik/das-bargeld-absichern-jetzt

habe ich mit meinem Mitstreiter Hansjörg Stützle auf *www.Bargelderhalt.eu* bereits weit über 150.000 Unterschriften gesammelt. Im zuständigen Parlamentsausschuss brachten Abgeordnete gute Änderungsanträge ein. Der Rat der Finanzminister tagt jedoch hinter verschlossenen Türen, und so bleibt der Öffentlichkeit die Haltung ihrer Regierung verborgen.

2023 beteuerte die Bundesregierung gegenüber dem Bundestag, man messe der »generellen Verfügbarkeit und Nutzbarkeit von Bargeld große Bedeutung bei«.[171] Die Aussage wirkt auf mich wie Marketing, denn von einer beteiligten Person weiß ich, dass das Finanzministerium als einflussreicher Akteur im EU-Ministerrat jedenfalls bis Ende 2024 maßgeblich auf die Bremse trat. Es missbilligte eine konsequente Annahmepflicht für Bargeld. Mit der Überwachung seiner Akzeptanz konnte man gerade noch leben. Gegen den Annahmezwang beim E-Euro jedoch gab es nichts einzuwenden. Allgemein bekam der digitale Euro von den Regierungen im Euro-Währungsgebiet deutlich mehr Unterstützung als das Bargeld, und das gilt nach wie vor.

Viele EU-Parlamentarier sehen den elektronischen Euro jedoch skeptisch. Um sie zu gewinnen, dürften noch einige Kompromisse und Zugeständnisse erforderlich sein, wovon auch das Bargeld profitieren könnte. Die Europäische Zentralbank möchte im November 2025 planmäßig die nächste Entwicklungsphase des digitalen Euros einleiten. Bis dahin sollte natürlich die gesetzliche Grundlage geschaffen sein.

Ob der Zeitplan eingehalten werden kann oder nicht: In jedem Fall bedeuten staatliche Digitalwährungen eine gigantische Machtzentralisierung. Agustín Carstens, der Chef der Bank für Internationalen Zahlungsausgleich

171 Bundestagsdrucksache 20/7277, S. 53

(BIZ), Treffpunkt der Zentralbanker weltweit, fasste das in einer Videokonferenz, veranstaltet vom Internationalen Währungsfonds, wie folgt zusammen: »Bei Bargeld wissen wir nicht, wer heute einen 100-Dollar-Schein verwendet oder wer heute einen 1000-Peso-Schein verwendet.« Ein »wesentlicher Unterschied zu digitalen Zentralbankwährungen« sei, »dass die Zentralbank die absolute Kontrolle über die Regeln und Vorschriften haben wird«, was ihre »Nutzung« betreffe.[172]

172 IWF, »Cross-Border Payment – A Vision for the Future«, 19. Oktober 2024, Minute 24:20, www.youtube.com/live/mVmKN4DSu3g?&t=1448

> ***»Beim Bargeld haben wir direkte Demokratie. Wir entscheiden nicht alle vier Jahre, sondern täglich: Zahle ich mit Karte oder bar? Im ersten Fall stimmen Sie für die Bargeldabschaffung, im zweiten Fall für eine Zukunft mit Bargeld.«***
>
> Hansjörg Stützle, Geldumgangstrainer

Weshalb ist das Bargeld auf dem Rückzug? Die Bequemlichkeit, antworten viele. Es sei einfacher, mit dem Handy zu bezahlen. Steckt die Müdigkeit in den Gliedern? Ich denke, wir sprechen über eine andere Form von Bequemlichkeit: Gehe ich mit dem Zeitgeist oder schwimme ich gegen den Strom.

Wir möchten nicht zurückgelassen werden, wir wollen uns auf dem Weg in die Zukunft sehen. Gemäß dem technokratischen Verständnis von Fortschritt zahlt der Neandertaler mit Bargeld. Dem modernen Menschen ist größere Macht gegeben: Mit einem Wisch setzt er eine Kaskade von Buchungen in Bewegung, und Bankengeld reist durch die Weltgeschichte.

Doch einen echten Effekt erzielt nur unser Geist, unsere Seele: Wir danken von Herzen und zaubern unserem Gegenüber ein Lächeln ins Gesicht. Ein Trinkgeld geht von Hand zu Hand, eine persönliche Atmosphäre entsteht. Wir können unsere Mitmenschen berühren und eine glückliche Welt schaffen, in der Eltern Zeit für ihre Kinder besitzen und die Weisheit der Ältesten etwas bedeutet. Die Bargeldabschaffung würde nichts dazu beitragen. Sie ist ein Element der beziehungslosen Welt, in der sich ein Mensch den ganzen lieben Tag mit gefühllosen Apparaturen unterhält.

Bargeld lässt Jung und Alt teilhaben. Kinder lernen, dass man sparen muss, bevor man ausgeben kann, und dass Geben und Bekommen zusammengehören. Wir können von null auf gleich selbstständig zu unserem Lebensunterhalt beitragen und brauchen dafür weder die Gunst einer Bank noch Handy oder Kartenterminal.

Viele Leute empfinden Läden als teurer, wenn nur Barzahlung möglich ist, das heißt, wenn man dem Verkäufer etwas reichen muss. Dagegen trügt das Gefühl, gespart zu haben mit einem Wisch über das Handy. Bargeld verleiht nicht nur bessere Kontrolle über die Ausgaben, sondern lässt auch ein Gespür dafür entstehen, ob der Austausch zwischen Käufer und Verkäufer angemessen und fair ist, sodass alle Menschen gut leben können.

Mit Bargeld steht der Bürger auf einem stabileren Boden. Der Staat hat die Wahl, das zu unterstützen und die Bargeld-Infrastruktur zu retten. Stabile Bürger tragen einen stabilen Staat. In ihnen lebt die Kraft und Kreativität, den Weg in eine gute Zukunft einzuschlagen. Instabile Menschen bleiben beeinflussbar von Informationsblasen und Werbebotschaften. Der Politik fehlt die Macht, diesen Einfluss abzustellen. Sie ist ihm genauso ausgeliefert. Aber sie kann ihre Entscheidungen daran messen, ob der Bürger in seinem selbstständigen Denken und in seiner Wahlfreiheit gestärkt wird und zu seinem inneren menschlichen Selbst findet.

Debit- und Kreditkarten haben ein milliardenschweres Werbebudget im Rücken, Bargeld kaum einen Cent. Damit das einzige freie staatliche Zahlungssystem diesen Wettbewerb überlebt, bedarf es einer aufgeweckten Bürgerschaft und gesetzlichem Schutz. Der Staat sollte eine Annahmepflicht für Unternehmen einführen und zugleich die Akzeptanz auf Ämtern sicherstellen. Wer bar bezahlt, darf nicht von Rabattaktionen ausgeschlossen sein.

Die Förderung der *Better Than Cash Alliance* und der *Alliance for Financial Inclusion* ist einzustellen. Die Regeln müssen bargeldfreundlich sein, anstatt darauf hinauszulaufen, dass Banken bargeldintensive Kunden ablehnen und Unternehmer mit hohen Barumsätzen keinen Steuerberater mehr finden oder in Angst vor dem Finanzamt leben.

In jeder Gemeinde sollte es mindestens einen Geldautomaten geben – mit Einzahlungs- und Auszahlungsfunktion. 90 Prozent der Bevölkerung brauchen innerhalb von zwei Kilometern Zugang zu Bargeld. Die Kommunen könnten dafür Parkfelder pachtfrei bereitstellen. Auf diesen Flächen entstehen Pavillons mit gebührenfreien Geldautomaten. Moderne Sicherheitseinrichtungen schützen vor Sprengstoffattacken: Bei einem Anschlag explodieren Tintenpatronen und eine Nebelanlage raubt Tätern die Sicht. Eingefärbt verliert das Geld seinen Wert und damit die Sache ihren Reiz. In Entwicklung sind sogar Systeme, die Banknoten verglühen lassen. Solche Pavillons könnten vom Staat mitfinanziert werden, und für den laufenden Betrieb wären alle Banken, auch die Onlinebanken, gleichermaßen an den Kosten zu beteiligen. Es hat schließlich jede Bank eine Verantwortung dafür, dass die Kunden an ihr Geld kommen.

Der Staat kann sich um einen effizienteren, kostengünstigeren Bargeldkreislauf bemühen. Einige große Händler verfügen beispielsweise über spezielle Einzahltresore im Hinterraum: Die Mitarbeiter zahlen Banknoten ein, und kurze Zeit später blinkt der Betrag auf dem Girokonto auf. Das Geld muss also nicht laufend von einem Transporteur auf die Bank gefahren werden, denn der Händler hat trotzdem ein gefülltes Konto und bleibt zahlungsfähig. Doch das Gesetz spielt diesem Modell einen Streich: Das Geldinstitut, das solche Einzahltresore bereitstellt, trifft harte, zeitraubende Auflagen zur Prävention von Geldwäsche. Aus dem gleichen Grund bieten viele Banken keine Bareinzahlung auf Fremdkonten mehr an.

Die verpflichtende Echtheitsprüfung für Münzen gehört abgeschafft, zumindest für Werte unter 50 Cent, damit Banken die eingezahlten Münzrollen gleich wieder an andere Kunden ausgeben dürfen. Gut wäre eine gesetzlich vorgegebene Rundung des Quittungsbetrags auf volle fünf Cent. Dann müssten wir weniger rote Cent-Stücke mit uns herumtragen. Auch eine Online-Plattform für den freien Tausch oder Verkauf von Münzen auf dem Postweg erleichtert den Verkehr mit Wechselgeld.

Es wäre weitsichtig, eine Garantie für die Akzeptanz und Verfügbarkeit von Bargeld in die Verfassung zu schreiben. In EU-Ländern sollte das einen Auftrag an die Politik umfassen, den klaren Schutz der Bargeld-Infrastruktur zur Bedingung zu machen, wenn Änderungen der EU-Verträge im Raum stehen.

Die Oesterreichische Nationalbank (OeNB) kann anderen Notenbanken als Vorbild dienen. Der scheidende Gouverneur Robert Holzmann setzte sich für eine Bargeld-Annahmepflicht ein. Die Entscheidung darüber liegt zwar in der Hand des Parlaments, aber an anderer Stelle schritt der Notenbanker selbst zur Tat: In 329 von 2100 Gemeinden gibt es weder einen Bankomaten noch eine Bankfiliale.[173] Kommunen wie Maria-Lanzendorf (Niederösterreich) bezahlen inzwischen selbst für den Unterhalt unentbehrlicher Infrastruktur: 1350 Euro im Monat für Geldautomat, Überweisungsgerät und Kontoauszugsdrucker. Nun stellt die Nationalbank in einem ersten Schritt bis zu 120 Bankomaten in den 329 unterversorgten Gemeinden auf. »Der Zugang zu Bargeld«, sagt Holzmann, »muss gesichert bleiben, damit Bargeld auch in Zukunft seine herausragenden Funktionen für die Gesellschaft und für jeden Einzelnen erfüllen kann.«[174] Die OeNB gründete schon 2022 ein Forum, um mit dem Verbraucherschutz, dem Seniorenbund, den Schuldnerberatungen und anderen

173 Gemeindebund, 26. Februar 2025, https://gemeindebund.at/bargeldversorgung-sichergestellt-nationalbank-stellt-bankomaten-in-gemeinden-auf/

174 *Die Presse*, 7. Februar 2025, www.diepresse.com/19330522/halten-die-banken-ihr-bankomat-versprechen. Siehe zum Thema auch https://bargeldverbot.info/2022/03/08/gemeinden-at-automaten/

Organisationen im Austausch zu bleiben und so die Rolle von Banknoten und Münzen zu stärken.

Die Deutsche Bundesbank gibt sich eher zurückhaltend. Der Leiter des Zentralbereichs Bargeld, Stefan Hardt, sprach sich auf einer Veranstaltung im November 2024 zwar für die Bargeld-Akzeptanz bei Behörden aus. Es sei »wirklich nicht hinzunehmen«, wenn der Staat sein eigenes Zahlungsmittel ablehne.[175] Gegen einen Annahmezwang für Unternehmen aber führt die Bundesbank seit Jahren die Vertragsfreiheit ins Feld.[176] Mit dem gleichen Argument kritisierte Stefan Hardt den Vorschlag, die Banken bei der Bargeldversorgung in die Pflicht zu nehmen. An dieser Stelle solle zunächst das Nationale Bargeldforum Fortschritte erzielen. In dem 2024 auf Initiative der Bundesbank gegründeten Gremium tauschen sich vor allem Banken- und Handelsverbände aus. Die Verbraucherzentrale ist zwar ebenfalls an Bord, ansonsten jedoch keine einzige soziale Organisation. 4781 von 11.000 Gemeinden verfügen laut Bundesbank über keinerlei Bargeldquelle.[177]

Leider schließt Deutschlands Notenbank an vielen Orten ihre Tore. Im Jahr 2000 war sie an sage und schreibe 135 Standorten präsent, heute sind es 31 und ab 2039 planmäßig nur noch 23.[178] Das verlängert die Transportwege, wenn Banken Bargeld benötigen oder unbrauchbar gewordene Geldscheine zurückführen – ein Kostenfaktor.

Ein leitender Bundesbank-Mitarbeiter, mit dem ich sprach, meinte, solch ein »offensiverer Ansatz« wie in Österreich würde ihm persönlich besser gefallen, aber

175 *bargeldverbot.info*, 27. November 2024, https://bargeldverbot.info/2024/11/27/warten-kipppunkt-bargeldinfrastruktur/

176 Zuletzt in der MDR-Sendung »Umschau« vom 5. November 2024, »›Nur noch Kartenzahlung!‹: Ist das Bargeld auf dem Rückzug?«, Minute 6:18

177 Deutsche Bundesbank, »Monatsbericht März 2025«, 17. März 2025

178 Dazu *Handelsblatt*, 1. Oktober 2024, www.handelsblatt.com/finanzen/geldpolitik/banken-weiterer-filialabbau-bei-der-bundesbank-trotz-interner-bedenken/100066547.html

 bei der Bundesbank habe man sich eben für Neutralität entschieden. Von Neutralität kann aber keine Rede sein, wenn man bedenkt, dass das Bargeld keinen Anwalt besitzt. Neutralität ist Passivität gegenüber den Kampagnen der billionenschweren Digital- und Finanzindustrie. Die Notenbanken sollten kämpfen, Hintergründe recherchieren, Falschinformationen berichtigen, die Presse offensiv und umfassend informieren.

Es braucht eine Kampagne, die sich an die Gefühle wendet und das Bild einer guten Zukunft mit Bargeld formt. Nur ein Beispiel: Banknoten und Münzen begrenzen den überflüssigen, durch Werbebotschaften befeuerten Konsum. Im Endeffekt qualmen weniger Fabrikschornsteine. An ihrer Stelle produzieren Bäume Sauerstoff, und Blumen kommen zur Blüte.

Die Banken setzen viel daran, dass sich der Bürger mit ihrem Produkt, der Geldkarte, identifiziert und zu ihr eine emotionale Verbindung aufbaut. Die *Geldservice Austria* (GSA), ein Geldtransportunternehmen und hundertprozentige Tochter der Oesterreichischen Nationalbank, hat sich dagegen vorgenommen, Bargeld als Marke zu etablieren. Nun entsteht ein Fanshop. Es gibt Säckchen mit glänzenden Münzen zur Geburt eines Kindes und Aufkleber: »Cash ist fesch« oder »Nur Bares ist Wahres« lauten die Schlachtrufe aus Wien.

Inzwischen gibt es einige Initiativen, die sich die Rettung des Bargelds auf die Fahnen geschrieben haben: Eine Tankstelle, ein Fahrradgeschäft, ein Kaufladen für fair gehandelte Waren – unter dem Dach von »Tübingen zahlt bar« tun sich lokale Unternehmen zusammen. Ein künstlerisch gestaltetes Faltblatt klärt an der Ladenkasse über die Vorzüge des »einzigen freien Zahlungsmittels« auf.[179]

179 Mehr auf www.bargeldverbot.info/2024/04/25/tuebingen-zahlt-bar oder www.Tuebingen-zahlt-bar.de

In Schaufenstern hängen große Plakate. Der Übersetzer und Heilpraktiker Conrad Heckmann gewinnt regelmäßig neue Unterstützer hinzu. In gut 80 Prozent der Läden werde das Anliegen positiv aufgenommen, berichtet er. Die Inhaber zeigen sich gleich bereit, Flyer auszulegen. Mittlerweile entstehen ähnliche Bürgerinitiativen auch in anderen Städten. Der gelernte Bankkaufmann Thomas Jörder wagt den Versuch, mit »Deutschland zahlt bar« eine bundesweite Kampagne anzustoßen.[180]

Der Wirtschaftsjournalist Norbert Häring ging als Erster in die Öffentlichkeit, um die Interessengruppen hinter der Verdrängung des Bargelds zu beleuchten. Auf seiner Internetseite www.NorbertHaering.de berichtet er seit 2015 vom *War on Cash*, wie man in der Fachwelt sagt,[181] also vom Krieg gegen das Bargeld. Häring zog bis zum Europäischen Gerichtshof, um den Staat zu bewegen, sein eigenes Zahlungsmittel wieder überall anzunehmen. Leider befanden die Richter, dass der nationale Gesetzgeber Ausnahmen machen darf.[182]

Ich möchte Norbert Häring an dieser Stelle für sein Engagement danken. Ebenso dem Geldumgangstrainer Hansjörg Stützle. Mit ihm baue ich seit 2020 die Plattform *www.Bargeldverbot.info* auf. Dort finden Sie neben zahlreichen Hintergrundartikeln auch Zitate prominenter Persönlichkeiten. Die Stimmen von Bargeld-Befürwortern wie Edward Snowden als auch Bargeld-Gegnern aus der Finanzbranche können Sie mit einem Klick in sozialen Netzwerken teilen. Stützle tritt auf Einladung im Raum Deutschland, Österreich und Schweiz als Redner auf, derzeit etwa 60 Mal im Jahr. Unser Ziel ist eine starke Gemeinschaft als Basis für spontane Initiativen.

180 Siehe unter www.besseres-geldsystem.de/deutschland-zahlt-bar-2/

181 Die Bundesbank veranstaltete bereits im April 2017 den internationalen Kongress »War on Cash: Is there a Future for Cash?« auf der Insel Mainau.

182 EuGH-Aktenzeichen ECLI:EU:C:2021:63, 26. Januar 2021

Die Welt von morgen braucht jeden von uns: Reichen Sie gut recherchierte Informationen weiter, verschenken Sie dieses Buch. Denn am Anfang der Bewegung für eine gute Zukunft steht die Erkenntnis, dass Banknoten und Münzen einen großen Wert besitzen, aber Gefahr laufen, unter die Räder zu geraten. Zahlen Sie in jedem Geschäft bar. Ich mit meinen 25 Jahren habe an der Ladenkasse noch nie eine Karte oder ein Mobiltelefon herausgezogen.

Wenn Sie auch ein Mensch sind, der die Kinder von morgen nicht an Smartphone und Kreditkarte binden möchte, wenn Sie wollen, dass die Kinder lebendig, frei und glücklich sind, und wenn Sie sich eine freie Gesellschaft mit einem freien Zahlungsmittel wünschen: Dann werden Sie aktiv für das Bargeld. Die Zukunft liegt in Ihren Händen.

Quellen: Sofern nicht anders angegeben, wurden die genannten Internetseiten am 1. März 2025 abgerufen. Sollte ein Link funktionsuntüchtig sein, können Sie die Webseite unter www.Web.Archive.org wiederherstellen.